KB060560

스스로 읽고 이해할 수 있는

주역 공부

스스로 읽고 이해할 수 있는 주역 공부

이철 지음

바다출판사

신비함을 버리면 철학의 근간이 보인다

   몇 년 전 페이스북에서 우연히 글을 하나 봤습니다. 어떤 사람이 90년대에 베스트셀러를 냈던 한 소설가에게《주역》을 배우는데, 도저히 이해가 안 가더랍니다. 그래서 이해가 안 된다고 얘기를 했더니 그 소설가가 '신기'가 없어서 그럴 거라며,《주역》을 이해하려면 신기가 좀 있어야 한다고 했답니다. 그 글을 읽는 순간 너무 어이가 없어서 헛웃음이 나왔습니다.《주역》을 말하면서 신기니 미래 예측이니 말하는 자는 그 소설가만이 아닙니다.

   사람들이 신기가 있어야《주역》을 이해할 수 있다고 말하는 이유는《주역》이 점치는 책이기 때문입니다. 고대 중국에서는 "점치지 않는 일이 없다(무사부점無事不占)"고 할 정도로 거의 모든 일을 점을 쳐서 물어보았으며,《주역》은 지배층에서 행하던 점술이었죠. 그래서 점을 대하는 자세도 오늘날과는 사뭇 달랐습니다. 오늘날에야 맞아도 그만 안 맞아도 그만, '재미로 보는 거지'라고 생각하지만, 고대 중국에서 점은 무조건 따라야 하는 것이었습니다.

오늘날《주역》을 대하는 자세는 두 가지 부류로 나눕니다. 점치는 책으로만 대하거나, 아니면 인생의 철리를 말하는 책으로 대하거나. 점치는 책으로 대하는 사람들이 모두 점쟁이일 것 같지만, 그렇지는 않습니다. 대만에서《주역》으로 박사 학위를 받고 돌아와 대학에서《주역》을 강의하는 김상섭도《주역》을 점술서로만 해석하고, 동국대학교 명예교수 황태연이 쓴《실증주역》을 읽어보면《주역》으로 점친 얘기들이 많습니다. 심지어 황태연은 2000년대 초반 민주당 국가경영전략연구소 부소장으로 있으면서 수많은 정치인의 주역점을 친 것으로 알려져 있습니다.

점술서에 불과한《주역》은 훗날 사서삼경 중 하나가 되었으며, 군경지수(群經之首, 여러 경전 중에서 으뜸)로 꼽힙니다. 그리하여 조선시대에 과거시험을 보고자 하는 사람이라면 반드시 읽고 외워야 하는 책이었죠.《주역》이 단순한 점술서에 불과했다면 경전이 되지는 못했을 것입니다. 그렇다면 무엇 때문에 점술서인《주역》이 여러 경전 중에서도 으뜸으로 꼽히는 책이 되었을까요? 그 비밀은 주역점 치는 방법에 있습니다.

　　　　　　　　　　스스로 읽고 이해할 수 있는 주역 공부

세상에 존재하는 수많은 점술은 크게 세 가지로 분류할 수 있습니다. 첫째는 신점입니다. 신점은 신들린 무당이 신으로부터 미래에 대한 계시를 내려받아 치는 점입니다. 이러한 종류의 점술은 신이라는 초월적 존재를 필요로 하므로 아무나 칠 수 없습니다. 둘째는 사주, 관상, 풍수와 같은 류입니다. 사주는 인간이 태어난 연월일시 네 가지를 말합니다. 특정 연월일시에 태어난 사람은 특정 운명을 가지고 태어났다고 보는 점이 사주입니다. 즉 운명은 정해져 있다고 보는 것이 이 점술의 특징입니다. 관상, 풍수도 마찬가지로 인간이나 땅의 형세가 가지고 있는 운명을 보는 점술입니다. 손금, 족상 모두 마찬가지의 점술입니다. 셋째는 타로와 같은 점술입니다. 타로는 점을 보러온 사람이 질문을 던진 뒤 특정 카드를 고르면 그 카드에 그려져 있는 그림을 질문과 연계하여 비유와 상징으로 풀이하는 점술이죠. 《주역》은 이 세 가지 종류의 점술과는 아주 다른, 세계에서 유일하고 독특한 점법을 지니고 있습니다.

　이 점법에는 고대 중국인들이 생각한 세계의 원리가 들어 있습니다. 주역점을 치면 6, 7, 8, 9 네 숫자 중 하나가 나옵니다. 6, 8은 짝수, 7, 9는 홀수입니다. 짝수와 홀수는 서로 무슨 관계죠? 짝수는 짝을 이루고 있는 숫자입니다. 2, 4, 6, 8은 다 짝을 이루고 있죠. 홀수는 1, 3, 5, 7, 9처럼 짝을 이루지 못하는 숫자, 홀로 있는 수가 홀수죠. 하나는 짝이 있고, 하나는 짝없이 혼자 있어요. 그렇다면 짝수와 홀수는 어떤 관계죠? 서로 반대되는 것이죠.

그런데 생각해 봅시다. 홀수는 없고 짝수만 있으면 짝수가 존재할 수 있을까요? 한번 진짜로 진지하게 생각해 봅시다. 세상에 2, 4, 6, 8과 같은 짝수만 있다면 짝수가 짝수일까요? 아닐 것 같죠? 홀수가 없다면 짝수는 존재할 수 없습니다. 짝수라는 개념, 단어가 생겨날 수가 없습니다. 그뿐 아니라 숫자 체계라는 게 존재할 수 없을 겁니다. 홀수가 없으면 짝수도 없고, 아예 숫자라는 것 자체가 없겠죠. 이처럼 홀수가 있어야 짝수도 있고, 짝수가 있어야 홀수도 있고, 나아가 숫자 체계라는 것이 존재할 수 있습니다. 즉 서로 반대되는 것이 있어야 사물이 존재할 수 있습니다. 주역점법은 이 세계가 서로 반대되는 것으로 이루어져 있다는 원리를 가지고 치는 점법입니다. 인류 역사를 통틀어서 이러한 사유 체계를 지닌 점법은 아마 《주역》이 유일할 겁니다.

많은 사람이 《주역》, 하면 음양을 얘기합니다. 음양은 주역점법을 이루고 있는 원리를 표현하기 위해 서로 반대되는 뜻을 지닌 음과 양을 합쳐 만든 단어입니다.

음陰의 원래 뜻은 어둠, 양陽의 원래 뜻은 밝음입니다. 어둠과 밝음은 그 상태가 서로 반대입니다. 만약 어둠이 없다면 밝음이 밝음일 수 있을까요? 위도 48.5° 이상인 지역에서는 한여름에 태양이 지평선 아래로 내려가지 않아 밤에도 하늘이 낮처럼 밝습니다. 이를 백야 현상이라고 하죠. 그런데 만약 백야 현상이 1년 365일 내내 지속하면 어떻게 될까

요? 어둠이 없는 것은 당연하고 어둠이라는 인식/개념/단어
도 생겨나지 않았을 것이며, 나아가 밝음을 구별할 이유가
없을 것입니다. 즉 밝음이라는 인식/개념/단어가 존재하지
도 않았을 겁니다. 태양이 계속 하늘에 떠 있는 상태가 지속
되면, 그것을 구별할 수도 없고 구별할 필요도 없습니다. 따
라서 밝음이 밝음이 되기 위해서는 어둠이라는 존재가 필요
합니다. 이는 어둠도 마찬가지입니다. 이처럼 '음양'은 반대
되는 존재가 있어야만 존재할 수 있는 원리를 표현하는 단어
입니다.

　이 책에서는 음양이라는 용어를 직관적으로 이해하기 쉽
게 '대립쌍'으로 바꿔 부르고 있습니다. '대립쌍'은 서로 대
립하는, 서로 반대되는 것들이 하나의 쌍, 짝을 이루고 있음
을 의미하는 용어입니다.

　음양이 대립쌍을 의미한다는 점을 깨닫기만 하면《주역》
은 이해하기 쉽습니다.《주역》〈계사전〉에 다음 말이 있습니
다. "일음일양一陰一陽을 도라 한다. … 사람들은 매일 그것
을 쓰면서도 그것이 무엇인지 알지 못한다. 그러므로 군자
의 도를 아는 사람이 드물다." 일음일양은 음양, 즉 대립쌍
을 뜻합니다.《주역》은 세계가 대립쌍의 원리에 의해 생성·
운행되고 있다고 해석합니다. 이 세계 속에서 살아가는 우
리의 삶 역시 대립쌍의 원리에 의해 이루어져 있으며, 우리
가 매일 사용하고 있습니다. 이 책은 우리가 매일 대립쌍의
원리에 따라 살아가고 있다는 것을 보여주기 위해 우리나라

국민 중 1500만 명이 하고 있다는 주식 시장을 예로 들어 설명하고 있습니다.《주역》이 말하는 원리가 정말로 이 세계의 운행 원리라면 그 어떤 현상이나 사물도 설명할 수 있어야 합니다. 그래서 그 예로 주식을 선택하여 설명하였습니다. 이를 통해 더 쉽게 주역의 원리를 이해할 수 있습니다.

《주역》은 대립쌍의 원리를 설명하는 것에 그치지 않습니다.《주역》은 점술에서 시작되었는데, 점술이란 무엇을 선택할 것인가의 문제를 해결하기 위해 등장했습니다. 무엇을 선택할 것인가의 문제는 한편으로는 어떻게 살 것인가의 문제입니다. 따라서《주역》은 어떻게 살 것인가의 문제를 말하고 있습니다. 그 처세법의 핵심은 겸허입니다.《주역》에서 말하는 겸허는 비움, 낮춤입니다. 왜 우리가 비움과 낮춤의 자세로 살아야 하냐면 그것이 바로 이 세계의 원리와 법칙에 가장 부합하는, 가장 합법칙적인 처세법이기 때문입니다.

부디 이 책을 통해 점술과 같은 비이성적이고 비논리적인 관점을 넘어서 논리와 이성의 철학으로《주역》과 세계를 바라보고 이해하고 해석하게 되기를 바랍니다.

차례

《주역》 용어 해설

一   주역 괘를 이루는 기본 상징 기호로, 양효 또는 구(九, 9)로 읽는다.

--   주역 괘를 이루는 기본 상징 기호로, 음효 또는 육(六, 6)으로 읽는다.

효爻   괘를 구성하는 최소 단위 기호인, 一(구)와 --(육)을 통칭하는 이름이다. 하나의 괘는 여섯 개의 효로 구성되어 있다. 주역은 64괘로 이루어져 있으므로 주역의 효는 모두 384효이다.

효명爻名   효의 이름. 주역 본문에 나오는 구이九二, 육삼六三 등을 가리킨다.

효사爻辭   효 풀이글. 효가 상징하는 것을 글로 설명하고 있다.

괘卦   ☰, ䷀의 이름. ☰는 획이 세 개이므로 3획괘, ䷀는 획이 여섯 개이므로 6획괘라 통칭한다. 《주역》은 64개의 괘로 이루어져 있다.

괘상卦象   괘의 모양. 즉 ䷀, ䷁와 같은 모양을 말한다. 한편으로는 괘가 상징하는 것을 의미한다. 가령, 건괘는 하늘, 남자를 상징한다.

괘명卦名   괘의 이름. 괘는 인위적으로 만든 상징 기호이므로, 무엇을 상징할 것인지 정하여 붙인 이름이 있다. 가령, ䷀의 이름은 건, ䷁의 이름은 곤이다.

괘사卦辭   괘 풀이글. 괘명만으로는 괘가 무엇을 상징하는지 이해하기 어려우므로, 풀이글을 달아 괘를 설명하고 있다.

8괘 건☰, 태☱, 리☲, 진☳, 손☴, 감☵, 간☶, 곤☷의 8괘를 통칭하여 부르는 이름이다. 하나의 괘를 이루는 획이 세 개이므로 3획괘라고도 하고, 소성괘라고도 한다.

64괘 64괘는 8괘 두 개를 중첩하여 만들었다. 가령, 준괘䷂는 8괘 중 감☵과 진☳을 겹쳐서 만든 것이다. 8×8=64이니 64괘가 만들어진 것이다. 하나의 괘를 이루는 획이 여섯 개이므로 6획괘라고도 하고, 대성괘라고도 한다.

복卜 거북의 껍데기나 짐승의 뼈를 불에 지진 뒤 갈라진 모양을 해석하여 상제의 뜻을 묻는 점술이다.

서筮 주역점을 말한다. 서筮를 파자하면 대나무 죽艹과 무당을 뜻하는 무巫로 이루어져 있다. 무당이 대나무를 산가지로 이용해 치는 점을 뜻하는 글자가 '서'이다. 주역점은 대나무를 산가지로 이용한다. 산가지란 계산하는 데 쓰는 나뭇가지라는 뜻이다.

1장

8괘와 64괘의 기원과 의미

우리나라 사람들은 점을 매우 좋아하고, 자주 봅니다. 2018년 영국의 시사주간지 《이코노미스트》에 한국의 점술 열풍을 다룬 특집 기사가 실린 적이 있습니다. 제목은 "37억 달러에 달하는 한국의 점술 시장"이었습니다. 37억 달러면 지금 환율로 5조 원 정도 됩니다. 2022년도 출판 시장 규모가 5조 원 정도 되니 출판 시장과 맞먹을 정도로 굉장히 큰 시장이 점술 시장입니다. 점술 시장 규모가 이처럼 크다는 사실은 도심 번화가에만 가도 알 수 있습니다. 제가 용인시 처인구에 살고 있는데, 용인 시장이 있는 번화가에만 가도 사주타로카페를 쉽게 찾아볼 수 있을 정도입니다. 요즘은 점술 앱으로도 간편하게 점을 칠 수 있습니다.

예전에는 서울 미아리 등지에 철학관, 철학원이라는 간판을 내걸고 몰려있었습니다. 지금도 미아동을 지나다 보면 드문드문 보입니다. 부산에는 영도다리 주위에 '점바치 골목'이 있었다고 하더군요. 지금은 전부 사라졌지만 2010년대 초반까지만 해도 '장미화 점집' '소문난 대구점집' '목화 철학관' '소문난 철학관'이라는 이름의 점집이 있었다고 합니다. 왜 점집에서 철학이라는 용어를 사용한 것일까요? 그 때문인지 대학 철학과 다닌다고 하면 점 봐달라고 하는 사람들이 많았다고 합니다.

《주역》 해설서를 쓴 사람 중에 《한겨레》 출신 이상수 전 기자라고 있습니다. 이상수 전 기자는 연세대학교 철학과 대학원에서 《주역》으로 석사 학위를 받았습니다. 이상수 전 기자가 신문사 앞에 있는 모 음식점을 자주 갔었는데, 어느 날 음식점 사장님이 철학을 공부했다는 사실을 알고는 "왜 점 안 봐 줘?" 하더랍니다. 점집에서 철학관이라는 용어를 언제부터 왜 사용했는지에 대해서는 제가 조사해 보지 않아서 모르겠지만, 짐작건대 《주역》 때문일 겁니다. 왜냐하면 《주역》이 점술서이면서도 철학을 담고 있기 때문입니다.

또 우리나라 사람들이 많이 보는 점술 중 하나가 사주입니다. 사주四柱의 주柱는 '기둥' '솟다'라는 의미입니다. 사주는 '사람의 운명을 이루는 네 개의 솟음'입니다. 사주에서 네 개의 솟음은 태어난 연월일시입니다. '몇 년' '몇 월' '며칠' '몇 시'가 사람의 운명을 결정한다고 보는 것이 사주입니다.

스스로 읽고 이해할 수 있는 주역 공부

현재 우리는 시간을 숫자로 표현하지만, 100여 년 전까지만 해도 갑자로 표기했습니다. 갑자란 '십간과 십이지'를 말합니다. 십간은 갑을병정무기경신임계, 십이지는 자축인묘진사오미신유술해입니다. 십간과 십이지를 하나씩 결합해 육십갑자를 만들어 이것으로 날짜와 시간을 표시했습니다. 십간과 십이지에서 한 글자씩 가져다 결합하면 두 글자가 됩니다. 2024년은 갑진년이라고 하죠. 갑진은 십간의 갑과 십이지의 진을 결합해서 만든 글자죠. 연월일시를 두 글자로 이루어진 갑자로 표현하면 모두 여덟 글자가 됩니다. 이를 팔자라고 합니다. "아이고 내 팔자야" 할 때의 팔자가 여기서 나온 말입니다. 팔자는 인간의 삶에 정해진 운명이 있다고 생각하는 관념에서 나온 용어이죠.

사주가 운명을 분석하는 기본 원리는 오행과 상생상극입니다. 오행은 이 세계를 구성하는 다섯 개의 원소를 일컫습니다. 흔히 수화목금토라고 부릅니다. 오행이라는 글자가 가장 처음 등장하는 고전은 《서경》입니다.

첫 번째 것을 오행이라고 한다. 첫 번째는 수水이고, 두 번째는 화火이며, 세 번째는 목木이고, 네 번째는 금金이고, 다섯번째는 토土이다. 수는 아래로 젖어 들고, 화는 위로 타오르며, 목은 휘어지거나 곧은 것이고, 금은 마음대로 구부릴 수 있고, 토는 곡식을 생산할 수 있다. 아래로 젖어 드는 수는 짠맛, 위로 타오르는 화는 쓴맛, 휘어지거나 곧은 목은 신맛,

마음대로 구부러지는 금은 매운맛, 곡식을 생산해 내는 토는
단맛을 띤다.

《서경》〈홍범〉

이 오행을 음양 사상과 결합한 사람이 추연입니다. 한나
라 역사서인 《한서》에서는 추연을 제자백가 중 음양가로 분
류하고 다음과 같이 전하고 있습니다.

(추연이) 음양의 소식消息을 깊이 관찰하여 괴이하고 어리석은
학설을 만들었다.

《한서》〈예문지〉

여기서 소식은 우리가 흔히 "소식 좀 전해줘"할 때의 그
소식입니다. 소식의 소消는 '사라지다' '소멸하다'라는 뜻이
고, 식息은 '자라다' '살다'라는 뜻입니다. 음양소식은 음양이
라는 서로 반대되는 것이 서서히 자라나고 서서히 소멸하는
과정을 일컫는 용어입니다.

음양소식을 이해하려면 달이 보름달이 되었다가 초승달
이 되는 과정을 생각해 보면 쉽습니다. 보름달이 되었다가
다시 초승달이 되고, 초승달이 되었다가 다시 보름달이 되
죠. 이때 보름달과 초승달은 서로 반대되는 상태입니다. 보
름달은 꽉 차 있고, 초승달은 거의 비어있죠. 보름달과 초
승달, 음과 양이라는 서로 반대되는 것이 한쪽이 자라나면

한쪽이 사라지는 과정을 반복하는 것이 소식입니다. 추연은 음양소식을 관찰해서 오행과 결합했다고 합니다. 구체적으로 어떻게 음양과 오행을 결합했는지는 지금은 전해지지 않고 있습니다.

추연이 만든 음양오행론을 가지고 한나라 때 경방과 같은 사람들이 《주역》을 연구해서 새로운 해석법을 내놓았습니다. 경방(기원전 77년~기원전 37년)은 《경씨역전》이라는 《주역》 해설서를 썼는데, 십간십이지와 오행을 가지고 64괘를 해석하였습니다. 경방은 《주역》을 이용하여 수많은 점치는 방식을 만들어냈습니다. 사주에서 십간십이지를 이용하는 것은 아마도 경방에게서 유래한 것으로 보입니다. 이처럼 현대 사람들이 가장 많이 보는 점술인 사주에도 《주역》의 원리가 반영되어 있습니다.

사주와 《주역》을 연결할 수 있는 이유는 《주역》이 원래 점치는 책이었기 때문입니다. 따라서 《주역》을 이해하기 위해서는 주역점을 어떻게 치는지, 주역점법의 원리가 무엇인지 알아야 합니다. 주역점법은 《주역》의 뜻을 설명하고 있는 〈계사전〉에 실려 있습니다.

대연의 수는 50이다. 사용하는 서죽은 마흔아홉 개다. 이를 둘로 나누어 양의를 상징한다. 하나를 걸어 삼재를 상징하고, 네 개씩 덜어내어 사계절을 상징한다. 남은 수를 합하여 그 왼쪽에 놓아 윤달을 상징한다. 오 년 만에 다시 윤달이 되므로 다시 남은 서죽을 합하여 그 오른쪽에 놓아 윤달을 상징한다. 왼쪽과 오른쪽에 놓아둔 서죽을 합한 후에 걸어놓는다.

하늘의 수 1, 땅의 수 2, 하늘의 수 3, 땅의 수 4, 하늘의 수 5, 땅의 수 6, 하늘의 수 7, 땅의 수 8, 하늘의 수 9, 땅의 수 10이다. 하늘의 수는 다섯 개이며 땅의 수도 다섯 개다. 다섯 자리를 서로 보태 각각 합하니, 하늘의 수는 25이고 땅의 수는 30이다. 하늘과 땅의 수는 55니, 이것이 변화를 이루고 신묘한 작용을 행하는 것이다.

건乾의 서죽은 이백십육 개이고, 곤坤의 서죽은 백사십사 개이다. 이것을 합하면 삼백육십 개가 되며 만 일 년 동안의 날짜에 해당한다. 서죽 두 편의 수는 11,520이니 만물의 수에 해당한다. 그러므로 네 개의 영수營數로 역易을 이룬다. 열여덟 번 변하여 괘를 이룬다. 8괘는 작은 괘를 이룬다. 이것을 더욱 펼쳐나가 동류에 접촉해서 증가시키면 천하의 모든 일이 이루어진다.

《주역》〈계사전〉

글이 낯설고 어렵게 느껴질 텐데요. 최대한 쉽고 단순하게 주역점법을 설명하겠습니다. 주역점을 한자로는 서筮라고 합니다. '서'자를 파자하면 대나무를 일컫는 죽竹과 무당을 의미하는 무巫로 이루어져 있습니다. 그러니까 '서'는 무당이 대나무로 치는 점을 의미합니다.

스스로 읽고 이해할 수 있는 주역 공부

주역점을 칠 때 쓰는 대나무 가지를 서죽이라 하는데, 서죽 오십 개를 준비한 다음 아래 과정처럼 진행합니다.

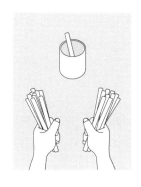

① 서죽 한 개는 점통에 꽂는다.
나머지 서죽 마흔아홉 개를 양손으로 갈라 쥔다.

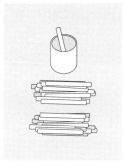

② 왼손에 든 서죽을 천책이라 하고, 오른손에 든 서죽을 지책이라 한다. 천책은 하늘을 상징하므로 왼손에 든 서죽을 위쪽에 놓고, 지책은 땅을 상징하므로 오른손에 든 서죽은 아래쪽에 놓는다.

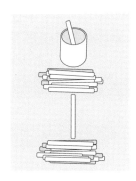

③ 천책에서 서죽 하나를 들어 천책과 지책 사이에 놓는다.
이 서죽은 사람을 뜻하는 인책이다. 하늘과 땅 사이에 사람이 나타났음을 의미한다.

④ 천책을 모두 들어서 원래 천책이 있던 자리에 네 개씩 놓는다. 마지막에 천책이 네 개 이하가 남으면 그 천책은 인책 왼쪽에 놓는다.
네 개씩 세서 내려 놓는 것은 사계절이 지나갔음을 의미한다.

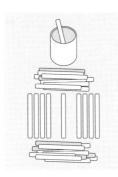

⑤ 지책을 들어서 원래 지책이 있던 자리에 네 개씩 놓는다. 지책이 네 개 이하가 남을 때까지 반복한다.
마지막에 남은 지책은 인책 오른쪽에 놓는다.

⑥ 인책과 인책 좌우에 놓아두었던 서죽을 합쳐서 왼쪽에 놓는다.
이로써 1변이 끝났다.
①번에서 ⑥번까지의 과정을 두 번 더 반복한다. 그러면 세 번 같은 과정을 반복하게 되는데, 이것을 3변이라고 한다.

스스로 읽고 이해할 수 있는 주역 공부

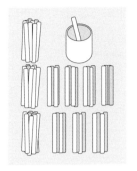

⑦ 3변이 끝나면 남아있는 천책과 인책, 지책을 합쳐 손에 들고 네 개씩 내려놓는다. 쉽게 말하자면 남은 천책과 인책, 지책을 합쳐 4로 나누는 것이다.

사진에서는 네 개씩 일곱 번 덜어 냈다.

⑧ 마지막에 네 개씩 덜어낸 개수가 일곱 번이라면 숫자 7을 얻은 것이다. 종이에 ─를 그리고 옆에 숫자 7을 적는다. 숫자 7은 홀수이고, 홀수는 양陽이므로 ─를 상징한다.

마지막에 덜어낸 개수가 아홉 번이라면 숫자 9를 얻은 것이다. 종이에 ─를 그리고 옆에 숫자 9를 적는다.

마지막에 여섯 번을 덜어냈다면 6을 얻은 것이다. 숫자 6은 짝수이고, 짝수는 음陰이므로 종이에 --를 그리고 옆에 6을 적는다. 8도 짝수이므로 --를 그리고 옆에 8을 적는다.

⑨ ①번에서 ⑧번까지의 과정을 다섯 번 더 반복해서 총 여섯 번 실시하면 여섯 효로 이루어진 하나의 괘를 얻게 된다.

지금까지 주역점을 쳐서 괘를 얻는 방법을 살펴보았습니다. 주역점은 이 세계가 생성된 이후 사계절 즉 시간이 얼마나 흘렀는지 계산해서 현시점의 상태를 알아내고 미래를 예측하는 점법입니다. 현시점의 상태는 괘 하나로 나타납니다.

괘는 여섯 개의 숫자(여섯 개의 효)로 이루어져 있고, 각각의 숫자는 홀수 또는 짝수를 의미합니다. 6과 8은 짝수로

음에 비정比定하고, 7과 9는 홀수로 양에 비정합니다. 그런데 왜 숫자를 두 개씩 비정한 걸까요? 아래 표를 봅시다.

홀수(양)		짝수(음)	
7	9	8	6
─		─ ─	
소양少陽	노양老陽	소음少陰	노음老陰
변하지 않음	변함	변하지 않음	변함

　홀수 7과 짝수 8은 변하지 않음을 의미합니다. 반면에 짝수 6과 홀수 9는 변함을 의미합니다. 같은 홀수 또는 짝수라도 하나는 변하지 않음, 또 하나는 변함의 서로 반대되는 의미를 지니고 있다고 보는 겁니다. 그래서 점을 쳐서 홀수라도 6이 나오냐 8이 나오냐, 짝수라도 7이냐 9냐에 따라 해석이 달라집니다. 점을 쳐서 6, 즉 변하는 음이 나오면 음효를 양효로 바꾸고, 점을 쳐서 9, 변하는 양이 나오면 양효를 음효로 바꾸어 해석합니다. 만약 7이나 8이 나오면 바꾸지 않습니다. 이렇게 하는 이유는 하나의 음과 양은 변화와 변하지 않음이라는 서로 반대되는 상태, 즉 대립쌍으로 이루어져 있다고 생각했기 때문입니다. 그래서 홀수와 짝수에 각각 두 개의 숫자를 비정한 것이죠. 이에 대해서는 뒤에서 더 자세히 설명하겠습니다.

스스로 읽고 이해할 수 있는 주역 공부

주역점은 이 세계가 음양이라는 서로 반대되는 것에 의해 생성, 운행되고 있으므로 최초에 음양이 생성된 이후 현재까지 시간이 얼마나 지났는지를 계산해서 미래를 예측합니다. 처음에 마흔아홉 개의 서죽을 왼쪽과 오른쪽으로 나뉘어 쥔 것은 최초에 음양이 생성되는 과정을 의미합니다. 《주역》에서는 이를 다음과 같이 말하고 있습니다.

> 역易에 태극太極이 있으니 이것이 짝을 이루는 둘[양의兩儀]을 낳고, 양의는 사상四象을 낳고, 사상은 8괘를 낳는다.
>
> 《주역》〈계사전〉

주역점을 치면 괘라고 불리는 독특한 그림 기호를 얻을 수 있습니다. 그 괘는 여섯 개의 효로 이루어져 있습니다. 아래 사진은 제가 주역점을 처음 익히고 나서 쳤던 점입니다.

주역 점문지.

저는 야구팀 키움 히어로즈(전 넥센 히어로즈)의 팬입니다. 히어로즈는 한국프로야구에서 창단 후 한 번도 우승하지 못한 유일한 팀입니다. 그래서 우승 가능 여부를 주역점을 쳐서 물어보았습니다.

사진에서 보이는 것처럼 주역점을 쳐서 비䷇라는 괘를 얻었습니다. 제일 위에 있는 효의 숫자만 변화를 뜻하는 6이 나왔으므로 동그라미를 쳐서 표시했습니다. 이 경우 상효를 가지고 점풀이합니다. 비괘 상효의 효사는 다음과 같습니다.

보좌하다 머리가 없어졌으니 흉하다.

저는 흉이라는 글자를 보고 우승을 못 한다고 해석했습니다. "머리가 없어졌다"는 무슨 뜻인지 해석이 불가능해서 그냥 넘어갔습니다. 그리고 이틀 뒤에 기막힌 일이 벌어졌습니다. 당시 히어로즈 사장이 이장석이라는 인물이었는데, 이 사람이 횡령 등의 혐의로 검찰 소환 조사를 받는다는 기사가 나온 겁니다. 그리고 구단뿐 아니라 개인 자택까지 압수수색을 받고, 검찰이 이장석 사장에 대한 사전구속영장을 청구했습니다. 구속영장은 기각되었지만 이미 구단 운영이 정상적으로 이루어질 수가 없는 상황이 된 거죠. 그런데 무슨 우승이 가능하겠습니까. 그렇다면 비괘 효사에서 말한 "머리가 없어졌다"는 구단의 최고 우두머리인 사장에게

　　　　　　　　스스로 읽고 이해할 수 있는 주역 공부

변고가 일어난다는 뜻이었고, 그래서 우승을 못 한다고 했으니 '와, 내가 신기가 있는가 보다' '돗자리 깔아야 하나?' 하는 생각이 들기도 했습니다.

뭐,《주역》을 공부하던 초기,《주역》의 대의를 잘 모르던 초기에 있던 해프닝입니다. 그 이후《주역》을 공부하기 위해 주역점을 이백 번은 친 것 같습니다. 지금은 전혀 점을 치지 않습니다. 제자백가 중 한 명인 순자가 이런 말을 했습니다. 선위역자부점善爲易者不占, '역을 행하는 데 뛰어난 자는 점을 치지 않는다'라는 뜻입니다. 역이 대립쌍의 원리를 말하고 있다는 사실을 깨달았고, 그것으로 세상 돌아가는 이치를 조금이나마 알 수 있었기 때문에 굳이 점을 칠 필요를 느끼지 못하고 있습니다.

아무튼, 주역점을 치면 괘를 얻을 수 있습니다. 이 괘에는 예순네 개가 있습니다. 아래 표는 64괘의 이름과 괘상입니다.

64괘 괘상과 괘명

1. 건乾	2. 곤坤	3. 준屯	4. 몽蒙
☰	☷	䷂	䷃
5. 수需	6. 송訟	7. 사師	8. 비比
䷄	䷅	䷆	䷇
9. 소축小畜	10. 리履	11. 태泰	12. 비否
䷈	䷉	䷊	䷋
13. 동인同人	14. 대유大有	15. 겸謙	16. 예豫
䷌	䷍	䷎	䷏

17. 수隨	18. 고蠱	19. 임臨	20. 관觀
䷐	䷑	䷒	䷓
21. 서합噬嗑	22. 비賁	23. 박剝	24. 복復
䷔	䷕	䷖	䷗
25. 무망无妄	26. 대축大畜	27. 이頤	28. 대과大過
䷘	䷙	䷚	䷛
29. 감坎	30. 리離	31. 함咸	32. 항恆
䷜	䷝	䷞	䷟
33. 둔遯	34. 대장大壯	35. 진晉	36. 명이明夷
䷠	䷡	䷢	䷣
37. 가인家人	38. 규睽	39. 건蹇	40. 해解
䷤	䷥	䷦	䷧
41. 손損	42. 익益	43. 쾌夬	44. 구姤
䷨	䷩	䷪	䷫
45. 췌萃	46. 승升	47. 곤困	48. 정井
䷬	䷭	䷮	䷯
49. 혁革	50. 정鼎	51. 진震	52. 간艮
䷰	䷱	䷲	䷳
53. 점漸	54. 귀매歸妹	55. 풍豐	56. 여旅
䷴	䷵	䷶	䷷
57. 손巽	58. 태兌	59. 환渙	60. 절節
䷸	䷹	䷺	䷻
61. 중부中孚	62. 소과小過	63. 기제既濟	64. 미제未濟
䷼	䷽	䷾	䷿

주역점을 치면 64괘 중 하나가 나옵니다. 예외는 없습니다. 여기서 하나의 의문점이 듭니다. 이 의문은 지금까지 많은 사람이 품었던 것입니다. 왜 꼭 64괘여야 할까? 64괘를 보시면 알겠지만 여섯 개의 효로 이루어져 있습니다. 그래서 64괘를 6획괘라고도 부릅니다. 태극기에 있는 괘를 3획괘 또는 8괘라 부르는데, 그 이유는 —와 --를 세 번 겹쳐서 만들었기 때문입니다. 8괘라는 호칭은 —와 --를 세 번 겹치면 괘의 개수가 여덟 개 나오기 때문입니다. 아래는 8괘의 괘상과 괘명입니다.

8괘 괘상과 괘명

1. 건	2. 태	3. 리	4. 진
☰	☱	☲	☳
5. 손	6. 감	7. 간	8. 곤
☴	☵	☶	☷

8괘 두 개를 겹쳐 쌓으면 6획괘 즉 64괘가 나옵니다. 예를 들어 8괘 중 리괘☲와 감괘☵를 겹치면 예순네 번째 괘인 미제괘䷿가 나옵니다. 이런 방식으로 8괘와 8괘를 두 번 겹치면, 8×8은 64이므로 64괘가 나옵니다. 그런데 8괘로는 미래를 예측할 수 없었던 걸까요? 아니면 64괘보다 많은 괘를 가지고 미래를 예측할 수는 없었던 걸까요? 저는 이 문제에 대한 답을 갑골복에서 찾았습니다.

갑골복甲骨卜의 갑甲은 거북 배딱지, 골骨은 짐승뼈를 가리킵니다. 이 갑골을 불에 지지면 균열이 생기는데, 이 모양이 복卜자와 비슷합니다. 이 모양을 고대 중국인들은 초월적 존재인 상제가 내려주는 미래에 대한 계시라고 생각했습니다.

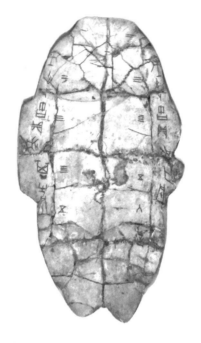

거북 배딱지로 만든 갑골. 여기에 새겨져 있는 글자가 갑골문이다.(출처: 위키피디아)

그래서 이 균열의 모양을 보고 해석해서 미래를 예측하려고 했습니다.《주역》의 괘卦라는 글자를 파자하면 토土 두 개와 복卜자로 이루어져 있습니다. 무슨 뜻이냐면 흙에다 '복'

스스로 읽고 이해할 수 있는 주역 공부

이라는 글자를 썼다는 뜻입니다. '복'은 점占자에도 등장합니다. '점'자는 '복'과 '입'을 뜻하는 구口로 이루어져 있는 글자입니다. 글자로 놓고 보자면 점은 '복을 보고 말하다'라는 뜻이 됩니다. 복을 해석하는 행위가 점입니다.

한자의 기원으로 알려진 갑골문이라는 글자에 대해서는 다들 알고 계시죠? 갑골문은 글자가 갑골에 그려져 있는 것에서 유래한 단어입니다. 갑골복은 은나라와 주나라 초기까지 성행했는데, 복을 행하고 나서는 복을 쳤던 내용과 그 해석을 거북의 배딱지나, 짐승 뼈에 새겨서 동굴 같은 곳에 보관해 두었습니다. 그것이 백이십 년 전에 발견됩니다.

갑골문을 보면 갑골복을 쳤던 방식에 대해 알 수 있습니다. 갑골복은 한가지 사안에 대해 한 번만 행하지 않았습니다. 어떤 때는 한가지 사안에 대해 열여덟 번이나 복을 행했습니다. 요즘에도 자기 마음에 드는 결과가 나올 때까지 이 점집, 저 점집을 순례하는 사람들이 있듯이 같은 심리로 여러 차례에 걸쳐 갑골복을 행한 것으로 보입니다. 요즘이야 점술 앱을 내려받아서 결제만 하면 여러 번 점을 볼 수 있습니다.

그러나 갑골복은 한 번 할 때마다 거북이 죽여야지, 손질해서 껍데기 분리해야지, 불에 구워야지, 해석해야지 등등 절차도 복잡해서 시간도 오래 걸리고 노동력도 적지 않게 들어갑니다. 그렇다면 믿을 수 있는 결과를 얻고 싶을 때 어떻게 갑골복을 행해야 할까요? 이 문제를 고민한 은나라 사람들은 여러 가지 복을 행하는 방식을 만들어냈습니다.

그중 하나가 삼복三ㅏ입니다. 삼복은 말 그대로 세 번 갑골복을 행하는 것입니다. 그 방식은 한 사람이 세 번 하는 게 아니라, 세 명이 하나의 사안을 놓고 동시에 갑골복을 행합니다. 그 세 명을 좌복, 우복, 원복이라고 불렀습니다. 세 번 갑골복을 행하는 이유는 오늘날 우리가 가위바위보를 할 때 삼세번을 하는 이유와 같습니다. 짝수로 진행하면 승부를 가릴 수 없는 경우가 생깁니다. 갑골복도 홀수로 해야 길흉을 결정할 수 있습니다. 그런데 세 번 복을 행하면 얻을 수 있는 결과는 다음과 같은 여덟 가지 중 하나입니다.

일복	이복	삼복		결과
길	길	길	→	길
길	길	흉	→	길
길	흉	흉	→	흉
길	흉	길	→	길
흉	길	길	→	길
흉	길	흉	→	흉
흉	흉	길	→	흉
흉	흉	흉	→	흉

여기서 길을 ㅡ, 흉을 --로 바꾸어봅시다.

1. ― ― ―
2. ― ― --
3. ― -- --
4. ― -- ―
5. -- ― ―
6. -- ― --
7. -- -- ―
8. -- -- --

각 번호에 나열된 효를 위로 쌓으면 3획괘로 이루어진 8 괘가 나옵니다.

1. ☰
2. ☱
3. ☲
4. ☳
5. ☴
6. ☵
7. ☶
8. ☷

이처럼 8괘는 갑골복을 세 번 행하는 삼복에서 유래한 것 으로 보입니다.

삼복으로도 만족하지 못한 은나라 사람들은 '정반대정正反
對貞'이라는 방식을 만들었습니다. 정반대정의 정貞은 '복에
묻는다'라는 뜻으로, 하나의 사안에 대해 한 번은 긍정으로
한 번은 부정으로 물었다고 해서 정반대정이라 부릅니다.
아래 갑골 복사는 실제로 은나라 때 행해진 점복으로《병》
1편이라는 갑골에 새겨져 있습니다.

부를 정벌할까요?	부를 정벌하지 말까요?
길	길
흉	길
길	흉
흉	흉

위 갑골 복사에서 보듯이 점문을 "정벌할까요?"와 "정벌하
지 말까요?"의 두 가지 정반대되는 질문으로 갑골복을 행하
면 나올 수 있는 경우의 수는 네 가지입니다. 그런데 여기서
중요한 문제가 생깁니다. 서로 정반대의 질문을 했는데 신
의 답변이 같다면 선택할 수 없습니다.

위 사례에서 첫 번째와 네 번째 경우를 봅시다. "부를 정
벌할까요?"에 대한 '길'은 "정벌하라"입니다. "정벌하지 말까
요?"에 대한 '길'은 "정벌하지 말라"입니다. 하나는 정벌하
라고 나오고, 하나는 정벌하지 말라고 나오면 선택을 할 수 없
습니다. 둘 다 흉이 나온 네 번째 경우도 마찬가지로 선택이

스스로 읽고 이해할 수 있는 주역 공부

불가능합니다. 이 문제를 해결하려면 홀수로 점복을 행해야 합니다. 1 다음의 홀수는 3이므로 삼복을 해야 합니다. 따라서 정반대정으로 갑골복을 치면 삼복을 할 수밖에 없습니다. 정반대정의 형식으로 세 명이 동시에 점복을 행할 때 얻을 수 있는 경우의 수는 4×4×4인 예순네 가지입니다.

예를 들어 설명하겠습니다. 정반대정과 삼복을 결합하여 갑골복을 행하여 다음과 같은 결과가 나왔다고 상상해 봅시다.

갑골복에서의 정반대정과 삼복의 결과

	부를 정벌할까요?	부를 정벌하지 말까요?
원복	길	길
우복	흉	길
좌복	흉	길

길을 ━, 흉을 --로 바꾸면 아래와 같습니다.

	부를 정벌할까요?	부를 정벌하지 말까요?
원복	━	━
우복	--	━
좌복	--	━

왼쪽에 있는 괘를 위로 올리고 오른쪽에 있는 괘를 아래

에 놓으면 64괘 중 하나인 대축괘䷙가 나옵니다. 이런 방식으로 정반대정과 삼복을 결합하여 얻은 예순네 가지 경우를 모두 64괘로 변환할 수 있습니다. 이런 방식으로 64괘가 만들어졌다면 하나의 괘는 정正과 반反이라는 서로 반대되는 것으로 이루어져 있다는 의미를 지니게 됩니다. 64괘 각각은 정과 반이 하나로 연결되어 만든 사건이 되는 거죠. 이처럼 《주역》은 처음부터 끝까지 철저하게 서로 반대되는 것이 세계를 구성, 운행하고 있다는 사상으로 이루어져 있습니다.

지금까지 8괘와 64괘가 어떻게 생겨났는지 살펴보았습니다. 다시 한번 말하지만, 8괘와 64괘가 갑골복의 삼복과 정반대정으로 유래했다는 설명은 저의 해석이자 추측입니다. 사실 갑골문에 정반대정이나 삼복을 행한 기록은 있어도 제 설명처럼 길과 흉을 양효ㅡ와 음효--로 바꾸어서 표시한 기록은 없습니다. 그런데 반대로 주역점을 가지고 갑골복을 해석한 기록은 있습니다.

[계](?)일에 왕께서 복卜을 행합니다. 물어봅니다. 지금 무당이 구서九筮로 조짐을 해석합니다. '주' 제사와 '읍' 제사를 ['상 갑' 부터] '이후 왕들'까지 드리는데, '합' 제를 올리면, 다른 탈이나 불행한 일이 없겠습니까? [1] 2월이었다. 왕께서 조짐을 해석하여 말했다. 대길하리라. 왕의 재위 2년이었다.

《갑골문 합집》37,835편

스스로 읽고 이해할 수 있는 주역 공부

앞의 갑골문을 보면 왕이 복ㅏ을 행했고 무당이 '구서九筮'를 이용해 조짐을 해석했다고 나옵니다. 구서는 '아홉 개의 서筮'를 말합니다. 서는 주역점을 의미한다고 앞에서 설명했죠? 이 복사에 따르면 갑골복을 치고 난 뒤 얻은 갈라진 모양을 해석하기 위해 무당이 주역점을 치기도 한 것으로 보입니다.

이처럼 갑골복과 주역점을 연계해서 활용하였고, 그 과정에서 자연스럽게 주역점법을 체계화, 고도화하는 데 갑골복의 방식이 이용되었으리라고 보는 것이 제 생각입니다. 그리고 이 방식 외에는 왜 여섯 번이나 반복해서 주역점을 쳐서 64괘를 얻어야 하는지에 대해 설명할 수 없습니다.

64괘가 정과 반이라는 '서로 반대되는 것'이 하나로 연결되어 생성한 사건이라는 해석은《백서 주역》에 그려져 있는 괘의 모양과 순서를 통해서 증명될 수 있습니다. 20세기 들어 중국 고전 해석에 큰 변화를 가져온 고고학적 발굴이 있었습니다. 그중 하나가 갑골의 출현이고, 또 하나는 고대 무덤에서 나온 출토본 문헌들입니다. 그중 가장 중요한 발굴은 초나라 때 무덤 곽점초묘이고, 또 하나는 한나라 때 고분 마왕퇴를 발굴한 것입니다.

곽점초묘에서는 대나무에 쓰인 수많은 책이 발굴되었고, 마왕퇴에서는 비단에 쓰인 수많은 책이 발굴되었습니다. 대나무에 쓰인 책은 '대나무 죽竹'을 써서 죽간竹簡이라고 부릅니다. 책冊이라는 글자는 죽간을 끈으로 묶은 모양을 본떠서 만든 글자이고, 전典은 죽간을 손으로 들고 있는 모양을 본떠서 만든 글자입니다. 마왕퇴의 비단에 쓰인 책은 '비단 백帛'자를 써서 백서帛書라고 부릅니다.

　마왕퇴에서 발굴된 백서 중에 《주역》이 있었습니다. 이를 《백서 주역》이라고 합니다. 약 이천 년의 시공간을 뛰어넘어 고대 한나라 때 사람들이 어떤 《주역》을 읽었는지를 생생하게 알 수 있습니다. 《백서 주역》에 표현된 괘의 모양을 보면 윗괘와 아랫괘를 약간 띄워서 그렸습니다. 이는 6획괘는 3획괘를 겹쳐서 만든 것이라는 주장을 뒷받침하는 것이죠. 따라서 8괘는 64괘 속에서 한 사건의 정과 반이라는 의미를 지닙니다.

　《백서 주역》이 발굴된 이후 우리가 수천 년 동안 읽어왔던 《주역》은 전해 내려왔다는 의미에서 《전래본 주역》이라고 부릅니다. 《전래본 주역》과 《백서 주역》의 괘 순서는 확연하게 다릅니다. 《전래본 주역》의 괘 순서에 대해서는 뒤에서 자세히 설명하겠습니다만, 건곤으로 시작합니다. 《전래본 주역》의 첫 번째 괘는 건이고, 두 번째 괘는 곤입니다. 그런데 《백서 주역》의 괘 순서를 보면 첫 번째 괘가 건인 것은 전래본과 같습니다만, 두 번째 괘는 비☷이고, 세 번째 괘는 둔☷입니다.

　이처럼 괘 순서가 다른 이유는 《백서 주역》에서는 8괘가 각각 음과 양을 상징한다고 보고, 음과 양을 결합하여 64괘를 만들었기 때문입니다. 먼저 64괘의 윗괘는 다음과 같은 순서로 이루어져 있습니다.

건	간	감	진	곤	태	리	손
☰	☶	☵	☳	☷	☱	☲	☴
양	양	양	양	음	음	음	음

64괘 윗괘의 순서는 양괘를 먼저 나열하고 그다음 음괘를 배치하였습니다. 그렇다면 아랫괘는 어떤 순서로 배치되었을까요?

건	곤	간	태	감	리	진	손
☰	☷	☶	☱	☵	☲	☳	☴
양	음	양	음	양	음	양	음

양과 음을 서로 번갈아 배치했습니다. 양과 음은 정과 반처럼 서로 반대되는 것입니다. 《백서 주역》의 괘 순서를 보면 64괘를 구성하는 8괘가 각각 음과 양의 상징 기호로 사용되었다는 것을 알 수 있습니다.

지금까지 사람들은 8괘와 64괘의 기원에 대해 복희씨와 문왕이 만들었다고 설명해 왔습니다. 복희씨는 전설 속의 인물이지 실존 인물이 아닙니다. 그것도 복희씨와 문왕이 만들었다는 주장만 있지 어떻게 만들었는지에 대한 합리적인 설명은 전혀 없습니다.

64괘가 어떻게 만들어졌는지를 통해서 알 수 있는 사실은 8괘와 64괘는 미래에서 일어날 수 있는 모든 사건을 미리 확정하여 보여주는 기호라는 점입니다. 쉽게 말하자면 주역점을 쳐서 얻은 괘는 64괘를 벗어날 수가 없습니다. 즉 미래에 일어날 모든 사건은 64괘라는 기호 속에 미리 확정되어 있습니다.

그렇다고 해서 주역점을 운명론으로 바라볼 수는 없습니다. 왜냐하면 주역점을 쳐서 나오는 괘는 예순네 개이지만, 효의 상태가 변함이냐 아니냐에 따라서 괘의 해석이 달라집니다. 즉 주역점을 쳐서 얻은 괘를 해석하는 방식은 수만가지입니다. 따라서 운명론, 예정론과는 거리가 멀다고 할 수 있습니다.

스스로 읽고 이해할 수 있는 주역 공부

2장

태극기로 이해하는 효와 괘

제가 이 글을 쓰고 있는 요즘 중국 항저우에서 아시안게임이 열리고 있는데요. 이런 국제 스포츠 경기가 열릴 때는 효와 괘가 TV에 자주 등장합니다. 왜냐하면 태극기에 있는 문양이 효와 괘이기 때문입니다.

메달 시상식 때 애국가가 울려 퍼지는 가운데 태극기를 보고 있자면 가슴에 전율이 흐르곤 합니다. 그런데 그 옆에 걸려있는 외국의 국기를 보면, 태극기처럼 복잡한 국기가 없습니다. 일본의 국기만 해도 흰색 바탕에 빨간색 원 하나가 달랑 그려져 있고, 프랑스 국기도 세 가지 색을 이용해 매우 단순하게 만들었죠. 그에 비해 태극기 그림은 매우 복잡하고 어려운 편입니다.

태극기는 《주역》의 원리를 그림으로 표현한 것입니다. 사실 가운데 원만 있어도 《주역》의 원리를 표현한 것이긴 합니다만, 어쨌든 현재의 태극기는 많이 복잡하고 어렵습니다.

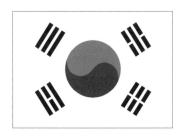

태극기는 가운데 태극과 태극을 둘러싼 네 괘로 이루어져 있다.

현재 사용하는 태극기는 주역의 원리를 그림으로 표현한 태극도를 변형한 것으로, 최초로 제안된 태극기는 아래 그림과 같습니다.

고태극도. 최초로 제안된 태극기로, 태극 주위에 8괘가 그려져 있다. 현재의 것보다 더 복잡하다. 그래서 고종 때 대신 박영효가 네 개를 빼버렸다.

스스로 읽고 이해할 수 있는 주역 공부

현재 태극기와 고태극도를 비교해 보면 알 수 있는 것처럼, 태극기는 최초로 제안된 고태극도에서 가운데에 있는 원을 회전시키고, 주위에 놓여있는 8괘 중 네 개의 괘를 빼서 만들었습니다. 가운데에 있는 원을 태극이라 하는데요. 태극이라는 단어는《주역》〈계사전〉에 등장합니다.

역易에 태극太極이 있다.

《주역》〈계사전〉

주역은 주周나라의 역易이라는 뜻입니다. 주나라는 기원전 1046년부터 기원전 256년까지, 그러니까 지금으로부터 약 삼천 년 전에서 이천 년 전까지 무려 팔백 년이나 고대 중국을 지배했던 나라입니다. 주나라가 고대 중국을 지배하던 시기 중 기원전 770년부터 기원전 221년까지를 춘추전국시대라고 부릅니다.

춘추전국시대는 주나라 지배하에 있던 봉건국가들이 서로 천하의 종주가 되기 위해 하루가 멀다고 전쟁을 하던 시기였습니다. 춘추시대에 대략 1만 개의 나라가 있었다고 하는데, 그 수많은 나라를 하나로 통일한 사람이 바로 진시황입니다. 하지만 그렇게 강력했던 제국도 불과 십육 년 밖에 가지 못했습니다.

《주역》은 주나라 때 편찬된 책이므로 주나라 사람들은 그냥 역이라고 불렀습니다. 태극의 태太자는 '크다'를 뜻하는 대大자에 점 하나를 찍은 글자로, '매우 크다'라는 뜻입니다. 극極은 극한, 남극과 북극에 사용하는 것처럼 '끝' '마지막'을 뜻합니다. 그러므로 태극은 '매우 큰 끝'을 의미한다고 할 수 있죠. 그런데 이 '매우 큰 끝'을 하나의 원 안에 그려진 빨강과 파랑으로 표현하였습니다.

태극 문양.

행정안전부 홈페이지에서는 태극 문양을 다음과 같이 설명하고 있습니다.

태극 문양은 음(파랑)과 양(빨강)의 조화를 상징하는 것으로 우주 만물이 음양의 조화로 인해 생명을 얻고 발전한다는 대자연의 진리를 표현해 낸 것입니다.

행정안전부에서 설명한 것처럼 태극의 빨강은 양, 파랑은 음을 의미합니다. 양은 밝음, 음은 어둠을 뜻합니다. 밝음과 어둠은 서로 반대되는 것입니다. 태극은 밝음과 어둠이라는 서로 반대되는 것들이 하나의 원을 이루고 있는 모양입니다.

태극을 둘러싸고 있는 문양은 괘입니다. 태극기에는 다음과 같은 네 개의 괘가 그려져 있습니다.

건곤감리는 괘의 이름입니다. 이 괘들은 ━, ━━라는 두 개의 기호로만 이루어져 있습니다. ━가 '양효', ━━가 '음효'입니다. 이 두 가지 그림 기호를 통칭해서 효爻라고 부릅니다. 효爻의 글자 모양은 주역점 칠 때 쓰는 대나무가 엇갈려 있는 모습을 그린 것입니다. 양효━와 음효━━는 눈으로 보기만 해도 서로 반대되는 것임을 알 수 있습니다. 양효는 연결되어 있고, 음효는 분리되어 있으니 말입니다.

앞 장에서 주역점법을 설명할 때 나온 것처럼 양효와 음효는 숫자에서 유래하였습니다. 주역점을 치면 6, 7, 8, 9의 네 숫자가 나온다고 설명했습니다. 6을 한자로는 六, 8은 八로 씁니다. 육六과 팔八의 모양을 단순화해서 그린 것이 음효━━입니다. 7을 한자로는 七, 9는 九로 씁니다. 칠七과 구九의 모양을 단순화한 것이 양효━입니다. 6, 7, 8, 9를 이렇게 단순화해서 그린 이유는 6, 8은 짝수, 7, 9는 홀수를 상징하기 때문입니다. 숫자 그 자체보다는 짝수와 홀수라는 서로 반대되는 것의 의미만을 사용한 것이죠.

효나 괘를 신비롭게 생각하는 사람들이 적지 않은데 그것이 의미하는 바를 모르니 신비로운 것이지, 알면 신비로울 것이 없습니다. 지금까지 설명하면서 나온 밝음[양]과 어둠[음], 짝수와 홀수, 양효와 음효는 모두 서로 반대되는 것입니다. 이처럼《주역》에서 서로 반대되는 것들로 만들어진 단어와 기호를 사용하는 이유는 서로 반대되는 것들이 있어야 사물이 존재할 수 있다고 생각했기 때문입니다.

홀수와 짝수를 가지고 생각해 봅시다. 이 세상에 있는 숫자가 모두 짝수라면 어떻게 될까요? 2, 4, 6, 8, 10 등만 존재한다고 생각해 봅시다. 짝수만 있으면 일단 홀수라는 개념과 단어가 생겨나지 않을 겁니다.

음과 양을 가지고 생각해 봅시다. 음이라는 글자는 원래 어둠, 남쪽이라는 뜻을 지니고 있습니다. 양이라는 글자는 원래 밝음, 북쪽이라는 의미를 지니고 있습니다. 남쪽과 북쪽은 서로 정반대의 방향입니다. 그런데 남쪽이 없으면 북쪽이 존재할 수 있을까요? 한번 진지하게 생각해 보시죠. 남쪽이 없는 북쪽을 상상할 수 있나요? 없습니다. 반대로 북쪽이 없는 남쪽도 존재할 수 없습니다. 이처럼 남쪽과 북쪽은 상대방이 있어야 존재할 수 있습니다. 밝음과 어둠도 마찬가지입니다. 어둠이 없으면 밝음을 밝음이라고 인식하지 않을 것입니다. 세상이 계속 낮이라면 아마 세상이 원래 그런 상태라고 생각하지, 밤과 낮이라는 개념은 생각하지도 못할 것입니다. 이처럼 밝음과 어둠도 서로 반대되는 상대방의

스스로 읽고 이해할 수 있는 주역 공부

존재가 있어야 존재할 수 있습니다.

앞서 행정안전부 홈페이지에 있는 태극기에 대한 설명에서 "만물이 음양의 조화로 인해 생명을 얻고 발전한다"라는 문장이 있었습니다. 음양의 조화는 아마 한국 사람이라면 많이 들어보았을 것입니다. 음양의 조화란 바로 '서로 반대되는 것이 있어야 사물이 존재할 수 있다'라는 원리를 의미합니다. 이 음양을 저는 '반대되는 것이 하나로 연결되어 생성하는 쌍'이라는 의미에서 '대립쌍'으로 부르겠습니다.

그렇다면 《주역》에 나오는 사례 말고 진짜로 이 세계가 대립쌍으로 구성되어 있는지, 대립쌍에 의해 운행되는지 살펴봅시다. 우리나라 국민 세 명 중 한 명이 하고 있다는 주식 시장을 가지고 살펴보겠습니다.

음양이라는 단어를 가장 많이 사용하는 사람들이 누구일 것 같습니까? 한의사? 아닙니다. 점술가나 뭐 그런 사람들이 음양을 많이 쓸 것 같지만, 전혀 아닙니다. 정답은 주식 투자자입니다. 그 이유는 주식 차트를 보면 나옵니다.

다음 차트는 코스피 월봉 차트입니다. 주식을 전혀 하지 않는 사람이라도 아마도 뉴스에서 한 번쯤은 보았을 것입니다. 코스피KOSPI는 한국 유가증권시장의 영문 약칭이고, 월봉은 하나의 봉이 한 달 동안의 주가의 상승과 하락을 표시합니다.

코스피 월봉 차트. 빨간색 봉은 양봉, 파란색 봉은 음봉이라 부른다.

　하나의 봉으로 주가의 시가, 고가, 저가, 종가를 표시합니다. 주식 투자자들은 빨간색 봉을 양봉이라 부르고, 파란색 봉을 음봉이라 부릅니다. 양봉은 시작가보다 주가가 올라갔음을 의미하고, 음봉은 시작가보다 주가가 하락했음을 의미합니다.

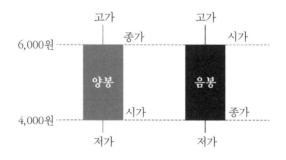

양봉과 음봉의 구성.

하나의 봉은 시가 – 종가, 저가 – 고가의 총 네 개 가격으로 이루어져 있습니다. 시가는 선택한 기간 안에서의(1분에서 1년까지 선택할 수 있다) 최초의 주가로 시작가의 준말입니다. 종가는 그 기간 제일 마지막 주가이고, 고가는 주가가 제일 많이 오른 가격, 저가는 같은 기간에서 주가가 제일 많이 내려간 가격입니다. 봉의 막대 부분을 몸통, 가느다란 선을 꼬리라고 부릅니다. 하나의 봉에서 몸통은 시가와 종가를 표시하고, 꼬리는 고가와 저가를 표시합니다.

앞의 그림에서 양봉을 보면 시가는 4,000원이었고, 종가는 6,000원이었습니다. 이처럼 종가가 시가보다 높다는 것은 주가가 상승했다는 의미이므로 빨간색 봉으로 표시합니다. 음봉을 보면 종가는 4,000원, 시가는 6,000원이었습니다. 이처럼 종가가 시가보다 낮다는 것은 주가가 하락했다는 의미이므로 파란색 봉으로 표시합니다.

우리나라에서는 주식 투자를 할 때 이 봉 차트를 제일 많이 씁니다. 우리나라에서 주식 투자하는 개인 투자자들이 1500만 명쯤 된다고 하니, 매일 적어도 수백만 명의 주식 투자자들이 음양이라는 용어를 사용하고 있는 셈입니다.

주식에서 양봉과 음봉은 각각 주가 상승과 하락을 표시합니다.《주역》의 용어인 양과 음을 주식 차트에 적용해 사용해도 누구나 쉽게 이해할 수 있는 이유는 음과 양이 서로 반대되는 것을 상징하기 때문입니다. 봉 차트에서 양은 상승, 음은 하락을 의미합니다. 상승과 하락은 서로 반대되는 것이죠.

주식 시장에는 양봉의 빨간색과 음봉의 파란색을 이용하여 표시하고 있는, 서로 반대되는 것이 또 있습니다. 사자(매수, buy)와 팔자(매도, sell)가 그것입니다.

에코프로에이치엔 호가창 화면.

주식 매매 앱에서 시장 참여자들이 제시하는 가격을 보여주는 화면을 호가창이라고 합니다. 위 사진은 호가창 캡처 화면입니다. 호가란 '물건을 사거나 팔기 위해 부르는 가격'입니다. 주식 호가창은 매수자와 매도자들이 제시한 가격과 수량을 열 개씩 보여줍니다. 수량이란 몇 주를 사고파는지, 그 양을 말합니다. 호가창은 매수자와 매도자가 서로 가격을 놓고 흥정하는 일종의 장터라고 보면 됩니다.

스스로 읽고 이해할 수 있는 주역 공부

옆에 있는 호가창은 2023년도 가장 핫한 종목이었던 이른 바 '에코프로 삼형제' 중 막내인 에코프로에이치엔의 호가창입니다. 호가는 화면에 보이는 것만 열 개이고, 실제로는 그보다 훨씬 많습니다. 에코프로에이치엔의 현재가는 87,300원입니다. 화면을 보면 현재가에 빨간색 상자가 놓여있고, 현재가를 중심으로 왼쪽 상단에 호가에는 파란색 바탕이 칠해져 있고, 하단에 있는 호가들에는 빨간색 바탕이 칠해져 있습니다. 상단에 있는 호가들은 매도 호가, 즉 팔고자 하는 사람들이 부른 가격입니다. 하단에 있는 호가들은 매수 호가, 즉 사고자 하는 사람이 부른 가격입니다. 매수와 매도가 서로 반대되는 것이라는 사실은 누구나 알고 있습니다. 그렇다면 아까 설명한 것처럼 매수가 존재하려면 매도가 있어야 하고, 매도가 존재하려면 매수가 있어야 하는지 살펴보겠습니다.

모든 매수자는 싸게 사고 싶어 합니다. 만약 내가 화면에 보이는 매수 호가 중 가장 낮은 86,300원에 에코프로에이치엔 주식을 사고 싶다면 86,300원에 사겠다고 주문을 넣으면 됩니다. 그런데 내가 매수 주문을 넣는다고 다 주식을 살 수 있는 것은 아니죠. 현재가가 87,300원이므로 내가 매수 주문을 넣은 86,300원까지 떨어져야 내가 에코프로에이친엔 주식을 살 수 있습니다. 그런데 현재 에코프로에이치엔 호가창을 보면 주가가 상승하고 있습니다. 따라서 오늘 안에 86,300원에 주식을 사는 것은 불가능해 보입니다. 내가

86,300원에 주식을 사려고 하는데 살 수 없는 이유는 86,300원에 팔려는 사람이 없기 때문입니다. 매도자 입장에서는 적어도 현재가인 87,300원에 팔 수 있는데, 누가 미쳤다고 그보다 1,000원이나 낮은 86,300원에 팔겠습니까?

이처럼 내가 원하는 가격에 매수를 하려면 그 가격에 팔려는 매도자가 있어야 합니다. 반대로 원하는 가격에 매도를 하고 싶다면 그 가격에 사려는 매수자가 있어야 합니다. 매도와 매수는 서로 반대되는 것인데, 매도가 존재하려면 매수가 있어야 하고 매도가 존재하려면 매수가 있어야 합니다. 서로 반대되는 것이 있어야 사물이 존재할 수 있다는 원리가 이렇게 주식 시장에서도 작동한다는 것을 알 수 있습니다.

이처럼 반대되는 것이 존재할 때 어떤 일이 벌어지는지 살펴봅시다. 만약 내가 86,300원이 아닌 현재가인 87,300원에 매수 주문을 넣는다면 잠시 뒤 매매가 체결될 것입니다. 매매가 체결되었다는 것은 내가 제시한 87,200원에 누군가 매도 주문을 넣어서 서로 호가가 일치했다는 의미입니다. 매매가 체결되어야 나는 비로소 매수자가 됩니다.

내가 매수자가 될 수 있었던 것은 매도자가 있었기 때문입니다. 그렇다면 이는 매수자가 매도자로부터 기인한다고 할 수 있습니다. 기인起因은 무엇이 그렇게 되는 원인이라는 의미입니다. 매도자가 제시한 가격과 매수자가 제시한 가격이 일치해야 매수를 할 수 있으므로 매도자는 매수자의 원인입니다. 반대로 매수자는 매도자의 원인이라고 할 수 있습니다.

우리는 흔히 원인과 결과를 표현할 때 '원인이 결과를 낳는다'라고 합니다. 매수자는 매도자의 원인이므로 매수자는 매도자를 낳았다고 할 수 있습니다. 반대로 매도자는 매수자의 원인이므로 매도자는 매수자를 낳았다고 할 수 있습니다. 주식 매매가 체결될 때는 매수자와 매도자가 제시한 호가가 일치할 때이며, 그때 매수와 매도가 하나로 연결되면서 매매가 체결됩니다. 매매가 체결될 때 매수자는 매도자를 낳고, 매도자는 매수자를 낳습니다. 이처럼 서로 반대되는 것은 하나로 연결될 때 상대방을 낳습니다.

질박함[질質]에 반드시 꾸밈[문文]이 있음은

자연의 원리이다.

원리에 반드시 대대對待가 있으니

낳고 낳는 근본이다.

위가 있으면 곧 아래가 있고

이것이 있으면 곧 저것이 있고

질박함이 있으면 곧 꾸밈이 있다.

하나는 홀로 서지 못하고

둘이 곧 꾸밈[문文]을 이루니

도를 아는 자가 아니면

누가 이것을 알겠는가.

《주역본의》

주희의 스승 정이(程頤, 1033년~1107년)는 대대를 낳고 낳는 근본이라 하였고, 그 예로 위와 아래, 이것과 저것, 질質과 문文을 들었습니다. '질'은 태어난 그대로의 꾸미지 않은 바탕을 의미하고, 문은 꾸밈을 의미합니다. 먼저 위와 아래가 어떻게 서로를 낳고 낳는지 설명하겠습니다.

저는 지금 책상 위에 노트북, 모니터, 키보드, 마우스를 올려놓고 이 책을 쓰고 있습니다. 제가 방금 전에 책상 위라고 말했습니다. 그런데 그 순간, 책상은 뭐가 되죠? 책상은 아래가 됩니다. 그렇죠? 맞잖아요? 책상이 아래가 되기 때문에 책상 위라고 표현하는 것이 가능한 겁니다. 제가 책상 위라고 말하는 순간 동시에 책상은 아래가 됩니다. 위를 말하는 순간 아래가 출현하였으므로, 정이가 말한 대로 위가 아래를 낳는다고 할 수 있습니다.

책상 위에 글을 쓰는 데 필요한 사물이 있고 책상 아래에는 제 다리가 있습니다. 제가 책상 아래라고 하는 순간 책상은 뭐가 되죠? 네, 맞습니다. 이번에는 위가 됩니다. 왜 위가 되죠? 책상 아래라고 했기 때문입니다. 그렇다면 이는 아래가 위를 낳은 것입니다. 정이가 예로 든 이것과 저것, 질과 문도 마찬가지입니다. 이것과 저것, 질과 문이 어떻게 서로를 낳는지는 직접 생각하고 설명해 보시기 바랍니다. 사물의 원리를 궁구하는 것, 이것이 바로 철학 하는 재미가 아니겠습니까.

스스로 읽고 이해할 수 있는 주역 공부

낳고 낳음을 일컬어 역이라 한다(생생지위역生生之謂易).

《주역》〈계사전〉

　정이가 말한 "낳고 낳는 근본"을 《주역》에서는 이처럼 말하였습니다. "낳고 낳음을 일컬어 역이라 한다." 반대되는 것이 서로를 낳고 낳음을 역易이라는 글자로 표현한다는 의미입니다. 가장 오래된 한자 사전으로 서기 121년에 편찬된 《설문해자》에서는 역을 "해와 달이 역을 이루었다. 음양의 상이다"라고 풀이하고 있습니다. 무슨 뜻이냐면 해를 뜻하는 일日과 달을 뜻하는 월月자가 위아래로 합쳐져서 역易자가 되었으며, 음양을 상징한다는 뜻입니다. 음양은 어둠과 밝음을 뜻하는 글자라고 설명하였습니다. 해는 밝음, 달은 밤에 뜨니 어둠의 상징입니다. 즉 역이라는 글자의 모양은 어둠과 밝음이 서로를 낳는 것처럼, 서로 반대되는 것이 서로를 낳음을 표현한 것입니다.

　'낳다'라는 표현 때문에 아마도 출산을 생각할 수도 있을 것 같습니다. 그럼 출산에 대해 한번 생각해 봅시다. 저는 결혼은 했지만 아이가 없습니다. 몇 년 전에 병원에서 처음으로 '아버님'이라는 소리를 듣고 깜짝 놀랐던 기억이 납니다. 아이가 없으니 저는 아버지가 아닙니다. 제 아내도 어머니가 아니고요. 만약 우리 부부가 아이를 가진다면 아이를 낳는 즉시 저는 아버지가 됩니다. 그렇다면 부모가 아이를 낳는 순간 아이도 부모를 낳는다고 할 수 있습니다. 그리고 부모가 아이를 기르면서 부모 역할을 어떻게 해야 하는지, 자식을 어떻게 길러야 하는지에 대해 많은 고민과 경험을 쌓으면서 부모로서 성장하게 됩니다. 즉 아이만 성장하는 것이 아니라 부모도 성장하게 됩니다. 아이와 부모는 서로 반대되는 것인데, 서로를 낳고 서로의 정체성을 확인시켜주고 성장시킵니다. 이를《주역》에서는 다음과 같이 말합니다.

강과 유는 서로를 낳고 기른다(강유상수剛柔相逐).

《백서 주역》〈계사전〉

강유剛柔는《주역》에 음양보다 자주 등장하는, 서로 반대되는 것을 의미하는 단어입니다. 강剛은 '단단해서 부러짐', 유柔는 '굽음과 곧음'을 뜻합니다. 유는 곧으면서도 굽혀지기도 함을 의미하고 강은 곧고 단단하기만 해서 부러짐을 의미합니다. 이처럼 강과 유는 서로 반대되는 것을 상징합니다. 수逐를 주역학자인 정병석은 생장生長으로 해석합니다. 생장은 '낳고 기른다'는 뜻이죠. 부모가 아이를 낳아서 기르듯이 아이를 낳으면서 부모가 되고 부모로서 성장하게 됩니다. 이처럼 서로 반대되는 것은 서로를 낳고 기릅니다.

지금까지 설명한 것처럼 사물은 서로 반대되는 것이 있어야 존재할 수 있습니다. 그러므로 서로 반대되는 것들은 늘 짝을 이루고 있습니다.《주역》에서는 이처럼 서로 반대되면서 짝을 이루는 둘을 양의兩儀라고 합니다.

스스로 읽고 이해할 수 있는 주역 공부

역에 태극이 있으니 이것이 짝을 이루는 둘[양의]을 낳았다.

《주역》〈계사전〉

양은 '둘', 의는 '짝'을 뜻하므로, 양의는 '짝을 이루는 둘'이라는 의미입니다. 앞서 태극은 음양이라 하였습니다. 음양은 밝음과 어둠입니다. 밝음과 어둠 또한 짝을 이루는 둘입니다. 따라서 《주역》에서 말하는 태극이란 '서로 반대되면서 짝을 이루는 둘'을 의미합니다.

앞서 주식 시장에서 매매가 체결될 때 매수가 매도를 낳음과 동시에 매도가 매수를 낳는다고 하였습니다. 그런데 사실 이 말에는 모순이 존재합니다. 매수가 매도를 낳으려면 매수가 먼저 존재해야 하고, 매도가 매수를 낳으려면 매도가 먼저 존재해야 합니다. 존재하는 것을 낳을 수 있을까요? 없습니다. 따라서 매수가 매도를 낳음과 동시에 매도가 매수를 낳는다는 말은 논리적으로 성립할 수 없는 것처럼 보입니다.

그런데 매매가 체결될 때 내가 매수자가 될 수 있는 것은 매도자가 있기 때문인 것은 확실합니다. 즉 매수는 매도로부터 기인하죠. 그렇다면 이 모순을 어떻게 이해할 수 있을까요? 정답은 '매도와 매수는 하나로 연결되어 있다' '매도와 매수는 하나다'입니다. 매매가 체결될 때 매수와 매도는 하나가 됩니다. 하나로 연결되기 때문에 매수자는 주식을 살 수 있고, 매도자는 주식을 팔 수 있습니다. 위와 아래,

이것과 저것, 어둠과 밝음 등도 마찬가지입니다.

이처럼 서로 반대되는 것은 하나로 연결된 한 쌍입니다. 음양이 하나로 연결된 대립쌍을 의미한다는 사실을 깨달으면 괘효사는 이해하기 쉽습니다. 괘효사에도 서로 반대되는 글자가 많이 등장합니다. 그중 대표적인 글자가 길吉과 흉凶입니다. 길과 흉은 그 의미가 완전 정반대죠? 괘효사에서 길은 백여 차례, 흉은 오십여 차례 이상 등장합니다. 길과 흉은 요즘도 점집에서 많이 쓰는 단어입니다. 점이 좋은지 나쁜지 알려주는 이런 글자를 점단사라고 합니다. 점단사占斷辭란, 점을 판단하는 데 쓰는 글자라는 뜻입니다. 《주역》에는 길흉 외에도 이利, 불리不利, 무불리无不利(이롭지 않음이 없다), 후회, 한탄[린吝], 재앙 없음 등의 다양한 점단사가 있습니다.

이익을 뜻하는 '이'자는 길과 흉만큼은 아니지만 그래도 많이 등장하는 점단사 중 하나입니다. 이에 반대되는 것은 손해를 뜻하는 해害입니다. 그런데 해는 괘효사에 한 번 밖에 안 나오고, 불리가 더 많이 나옵니다. 불리는 '아니다'를 뜻하는 불不자를 이利자 앞에 붙여서 만든 글자로, 그 뜻은 '이익 아님'을 의미합니다. 왜 《주역》 괘효사에는 손해보다는 불리가 더 많이 등장할까요?

이익 아님은 말 그대로 이익이 아닙니다. 그런데 이익이 아니라고 손해라고 할 수 있을까요? 예를 들어 아파트를 사서 이익을 보려고 했는데, 급한 상황이 생겨서 아파트를 산

가격에 되팔았다면 이익을 본 것은 아닙니다. 이처럼 이익의 반대되는 것에는 손해도 있지만, 이익 아님도 있습니다.

이익의 반대: 손해, 이익 아님

손해는 이익이 아닙니다. 즉 손해는 이익 아님에 포함됩니다. 따라서 이익에 반대되는 것은 궁극적으로는 이익 아님입니다. 괘효사에 이익 아님을 의미하는 불리가 자주 등장하는 것은 이익 아님이 손해를 포함하는 이익의 대립쌍이기 때문입니다.

앞장에서 주역점을 쳐서 짝수 6, 홀수 9가 나오면 변화, 짝수 8, 홀수 7이 나오면 변화하지 않음으로 간주한다고 설명했습니다. 이때 변화하지 않음은 '무엇이라는 사물'을, 변화는 '무엇 아님이라는 사물'을 의미합니다. 변화變化, 변變의 의미에 대해 생각해 봅시다. 변變은 '바뀌다'라는 뜻입니다. 무엇이 바뀐다는 것은 바뀌기 이전에는 바뀌지 않음이라는 상태가 있었음을 내포하고 있습니다. 예를 들어 생각해 봅시다. 시속 90킬로미터로 달리는 승용차를 타고 경부고속도로를 타고 서울에서 부산으로 가고 있다고 생각해 봅시다. 승용차의 경우 경부고속도로에서는 최고 100킬로미터의 속도로 갈 수 있으므로, 시속 90킬로미터로 주행하다 속도를 올려서 시속 100킬로미터로 주행하고 있다고 생각해 봅시다. 시속 90킬로미터에서 시속 100킬로미터로 속도를 올렸을 때 속도가 바뀌었다고 표현합니다. 만약 계속해서 시속 90킬로미터로 주행하고 있다면 이를 속도가 바뀌었다고 할 수 있나요? 없습니다. 90킬로미터에서 속도가 1킬로미터라도 올라야 속도가 바뀌었다고 할 수 있습니다. 이때 시속 91킬로미터는 시속 90킬로미터가 아닙니다. 뭐, 이건 당연한 말이죠. 시속 90킬로미터로 주행하던 승용차의 속도가 바뀌었다고 표현하려면 속도가 시속 90킬로미터가 아닌 상태가 되어야 합니다. 즉 시속 91킬로미터나 또는 89킬로미터가 되어야 속도가 바뀌었다고 표현할 수 있습니다. 이처럼 변變, 바뀜이란 동일한 상태가 아닌 상태가 되는 것을 의미합니다. 그러므로 변화는 '무엇 아님'을 의미하고, 변화하지 않음은 '무엇'을 의미합니다. 여기서 핵심은 '아님'입니다. 주역 점법에서 음은 '음 아님'을 내포하고 있으며, 양은 '양 아님'을 내포하고 있습니다. 주역점은 하나의 사물이 무엇과 무엇 아님의 상태로 이루어져 있다는 사상을 점법에 반영하고 있습니다.

음은 음 아님을 포함하고 있는데, 음 아님에는 양이 포함되니, 음은 항상 양을 포함하고 있습니다. 반대로 양은 '양 아님'을 포함하고 있는데, 양 아님에는 음이 포함되니, 양 속에는 항상 음이 들어 있습니다. 주희가 한 말 중에 양중유음陽中有陰, 음중유양陰中有陽 즉, '양 가운데 음이 있고, 음 가운데 양이 있다'가 있는데, 바로 이러한 이치를 설명한 것이죠. 대립쌍은 서로가 서로를 포함하고 있는, 서로 안에 서로가 들어있는 '하나'입니다.

이 원리를 하나의 단어나 기호로 표현할 수 있을까요? 어렵습니다. 음양, 대립쌍, ━와 ╍ 등의 기호로는 한계가 있습니다. 문장으로는 가능하지만 제가 지금까지 설명한 것처럼 한참을 설명해야 간신히 이해할 수 있을 정도입니다. 뭐 어쨌든 우리는 지금 《주역》을 배우고 있으므로, 앞으로 음양, ━와 ╍를 보면 항상 서로가 서로를 포함하고 있는 관계라는 사실을 잊지 말아야 하겠습니다.

그리고 반대되는 것만이 서로를 낳는 것이 아니라, 하나의 대립쌍도 다른 대립쌍을 낳습니다. 이를 가장 잘 보여주는 사례가 주식 시장입니다. 주식을 사려면 먼저 내가 사려는 회사의 주식이 증권거래소에 상장되어 있어야 합니다. 우리나라에 존재하는 모든 주식회사가 증권거래소에 상장된 회사는 아닙니다. 주식회사 중에서 일정 자격 요건을 갖춘 회사에 한해서만 증권거래소에서 주식이 거래될 수 있도록 허용하고 있습니다. 그리고 상장된 회사라고 해서 영원히 증권거래소에서 주식이 거래되는 것은 아닙니다. 회사가 이익을 내지 못하거나 심각한 횡령·배임 등의 행위가 발생하면 상장이 폐지되고 증권거래소에서 퇴출당할 수 있습니다. 즉 상장은 상장 폐지라는 대립항과 쌍을 이루고 있습니다.

모든 시장에서는 매도가 많으면 가격이 하락하고, 매수가 많으면 가격이 상승합니다.

매수 > 매도 → 가격 상승

매도 > 매수 → 가격 하락

    이런 법칙은 주식 시장도 예외가 아닙니다. 그런데 주식 시장은 매수 호가와 매도 호가가 공개되어 있습니다. 호가 창을 보면 다른 사람들이 얼마에 호가를 제시했는지 알 수 있습니다. 그리고 매수자는 한 푼이라도 더 싸게 사려고 하고, 매도자는 한 푼이라도 더 비싸게 팔려고 합니다. 그렇다면 매수자들은 남들보다 더 싸게, 매도자들은 남들보다 더 비싼 가격을 제시하지 않을까요? 그로 인해 우리가 알고 있는 것과는 다른 현상이 발생합니다. 에코프로에이치엔 호가 창을 봅시다.

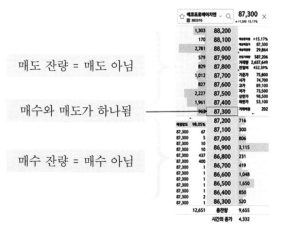

이 사진은 대립쌍의 본질을 잘 보여주고 있다. 현재가에서는 끊임없이 매수와 매도가 하나로 연결되면서 서로를 생성하고 있으며, 그 위아래로는 매수 아님과 매도 아님이 존재하고 있다.

초보 주식 투자자들은 위의 호가창을 보고 매수 잔량이 많으면 주가가 상승하고 매도 잔량이 많으면 주가가 하락할 것이라고 생각합니다. 빨강 바탕에 있는 매수 호가들을 전부 매수라고 생각하고, 파랑 바탕에 있는 매도 호가들을 전부 매도라고 생각하기 때문입니다. 그러나 매수 호가는 매수가 아니고, 매도 호가는 매도가 아닙니다. 현재가에서 매매가 체결되고 있는 주문만이 매수이고, 매도입니다. 나머지 현재가보다 높은 매도 주문은 매도 아님이고, 현재가보다 낮은 매수 주문들은 전부 매수 아님입니다.

그런데 호가창에서 매수 잔량이 많으면 주가가 하락하고 매도 잔량이 많으면 주가가 상승합니다. 화면 하단에 있는 총잔량을 보면 왼쪽에 있는 숫자는 매도 잔량, 오른쪽에 있는 숫자는 매수 잔량입니다. 현재 에코프로에이치엔의 매도 잔량은 12,651이고, 매수 잔량은 9,655입니다. 매도 잔량이 조금 더 많고 체결강도가 98.05%이므로 현재 주가는 천천히 상승하고 있습니다. 주가가 급상승할 때는 매도 잔량이 매수 잔량보다 10배, 20배 차이 나게 많은 경우도 적지 않습니다.

매수	매수 아님	매도 아님	매도

매수와 매도는 하나로 연결되어 매매를 체결시켜 현재가를 생성합니다. 즉 현재가를 생성하는 호가만이 매수, 매도

입니다. 현재가보다 높거나 낮은 호가들은 전부 매수 아님과 매도 아님에 속합니다. 사람들은 매수 호가에 있는 주문들을 모두 뭉뚱그려 매수로 여기고, 매도 호가에 있는 주문들을 모두 매도로 여기는데, 이는 잘못된 생각입니다. 주가가 상승하려면 매수 호가가 현재가 또는 매도 1호가에 몰려서 호가창에 있는 매도 호가를 다 잡아먹어야 합니다. 주가가 하락하려면 매도 호가가 현재가 또는 매수 1호가에 몰려서 매수 호가를 다 잡아먹어야 합니다. 그 외에 매수 2호가에서 10호가 사이에 있는 호가들은 현재가보다 낮기 때문에 이 호가들이 늘어나서 매수 잔량이 매도 잔량보다 많으면 주가가 하락합니다. 매도 2호가에서 10호가 사이에 있는 호가들은 현재가보다 높기 때문에 이 호가들이 늘어나서 매도 잔량이 매수 잔량보다 많으면 주가가 상승합니다. 이렇게 매수와 매수 아님, 매도와 매도 아님이라는 대립쌍은 주가 상승 또는 하락을 낳습니다.

상승과 하락은 서로 반대되는 것으로 대립쌍입니다. 주가가 상승하거나 하락하면 누군가는 이익을 보고 누군가는 손해를 봅니다. 주가 상승과 하락은 이익과 손해라는 또 다른 대립쌍을 낳습니다. 이익을 본 사람은 기뻐하고 손해를 본 사람은 공포, 분노, 좌절, 우울, 한탄에 빠집니다. 즉 이익과 손해는 기쁨과 슬픔이라는 대립쌍을 낳습니다.

만약 대출을 받아서 주식 투자를 했거나 미수를 써서 주식을 매수했다면 깡통계좌가 될 수도 있습니다. 깡통계좌란 주식 투자로 손해를 본 것에 그치지 않고 빚이 생긴 계좌를 말합니다. 이렇듯 꼬리에 꼬리를 물고 이어지는 대립쌍을 굵직한 것만 정리하면 아래와 같습니다.

상장 – 상장 폐지

매도 – 매수

상승 – 하락

이익 – 손해

호재 – 악재

매매 – 공매도

양봉 – 음봉

시가 – 종가

고가 – 저가

익절 – 손절

수요 – 공급

흑자 – 적자

증자 – 감자

유상 증자 – 무상 증자

상장 – 상장 폐지는 매도 – 매수를 낳고, 매도 – 매수는 상승 – 하락을 낳고, 상승 – 하락은 고가 – 저가를 낳고, 고가 – 저가는 이익 – 손해를 낳습니다. 대립쌍이 계속 다른 대립쌍을 낳는 것을 부모와 자식의 관계에 비유할 수 있습니다. 상장 – 상장 폐지는 태초의 부모이고, 매도 – 매수, 상 승 – 하락 등은 그 자식에 비유할 수 있습니다. 부모와 자식 을 우리는 혈연 관계라고 하죠. 혈연이란 피로 연결되어 있 다는 뜻입니다. 분리된 것처럼 보이지만, 서로를 낳는 관계 인 대립쌍들은 실은 연결되어 있습니다. 상장 – 상장 폐지, 매도 – 매수, 상승 – 하락, 고가 – 저가, 이익 – 손해, 유상 증자 – 무상 증자 등이 모두 하나로 연결되어 있는 것이죠.

이처럼 하나의 대립쌍이 다른 대립쌍을 낳는 것을 《주역》 에서는 다음과 같이 설명합니다.

사랑과 미움은 서로 공격하여 길과 흉을 낳고, 멀고 가까움은 서로를 취하여 후회와 한탄을 낳고, 참과 거짓이 서로 교감하 여 이로움과 해로움을 낳는다.

《주역》〈계사전〉

사랑과 미움, 길과 흉, 멂과 가까움, 후회와 한탄, 참과 거 짓, 이로움과 해로움은 모두 대립쌍입니다. 서로 반대되는 것은 근본적으로 정반대이므로 서로 맞서고 서로를 공격하 기도 합니다. 주식 시장에서 매수자는 매도자를 싫어하고 비난합니다. 매도가 많으면 주가가 하락하기 때문에 기관 이나 외국인들이 대량 매도하는 것을 개인투자자들은 비난 하곤 합니다. '서로를 취한다' '서로 교감한다'는 반대되는 것이 하나로 연결되는 것을 말합니다. 대립항 간의 대립과 공격 또는 연결, 교감은 모두 다른 대립쌍을 낳는 결과로 이어집니다.

마찬가지로 사랑과 미움, 길과 흉, 멀고 가까움, 후회와 한탄, 참과 거짓, 이로움과 해로움 등과 같은 대립쌍들도 태극이라는 최초의 대립쌍으로부터 태어났으므로 모두 하나로 연결되어 있습니다. 이로부터 고대 중국의 중요한 사상인 만물일체론이 나오게 된 것입니다. 《주역》의 대의 중 가장 중요한 것은 바로 만물일체, '만물은 하나다'라는 사상입니다.

중국 철학에서 흔히 말하는 천인합일, 만물일체는 그저 수사학적 용어가 아닙니다. 대립쌍이 서로를 낳고 낳아 하나로 연결되어 있다는 이 세계의 원리에 대한 논리적이며 합법칙적인 인식을 바탕으로 나온 사상입니다. 천天은 인간을 둘러싸고 있는 객관 세계를 일컫는 용어로, 천인합일은 세계와 인간이 하나로 연결되어 있음을 뜻합니다. 세계와 인간이 하나인 이유는 모두 대립쌍으로 이루어져 있기 때문입니다. 이것이 바로 주역에서 말하는 대립쌍의 원리가 궁극적으로 우리에게 제시하는 이 세계의 본질입니다. 우주는 나와 하나입니다.

3장

《주역》의 본문, 괘효사 읽는 법

　제 나이가 올해 쉰하나인데요. 이제야 인생이 뭔지 좀 알 것 같다는 생각을 요즘 자주 합니다. 좋은 일이 꼭 좋지만은 않다는 것도 알게 되고, 나쁜 일도 꼭 나쁜 면만 있는 것도 아니라는 사실을 알게 됩니다.

　누군가 그런 말을 하더군요. 모든 일에는 장단점이 있다. 장단점을 다르게 표현하자면 좋은 점과 나쁜 점이라고 할 수 있죠. 그 말을 듣자마자 무릎을 탁, 쳤습니다. 과연 모든 일에는 좋은 점과 나쁜 점이 있기 마련이더군요. 이런 사실을 깨닫고 나서는 좋은 일이 생겼다고 아주 기뻐하지도 않고, 나쁜 일이 생겼다고 아주 좌절하지도 않습니다. 이 나이 먹고 이걸 깨닫기까지 얼마나 많은 희노애락을 겪으며 그때

마다 기뻐하고 슬퍼하고 분노하는 것을 반복했겠습니까. 그런 수많은 반복적 경험을 통해 모든 일에는 장단점이 있다는 사실을 깨닫게 된 거지요.

《주역》의 괘효사는 바로 이런 점을 얘기하고 있다는 생각이 듭니다. 요즘은 그런 생각을 자주 합니다. 내가 만약 젊었을 때 인생의 이런 면을 깨달았다면 더 평온한 삶을 살지 않았을까, 하는 생각을 말입니다. 누가 제대로만 설명해 주었다면 진즉 《주역》을 읽고 인생의 참모습을 깨닫지 않았을까, 하는 생각을 하곤 합니다. 어쨌든 지금이라도 깨달아서 다행입니다. 아직 살아야 할 날이 많이 남았으니 말이죠.

제가 《주역》을 강의하면서 느낀 건데, 사람들이 《주역》을 어려워하는 이유 중 하나는 괘효사 때문입니다. 괘효사를 이해하고 해석하는 것을 어려워하더군요. 앞 문장과 뒤 문장이 맥락 없이 서로 다른 이야기를 하고 있기 때문에 이걸 어떻게 해석해야 할지 어려워하더군요. 지금부터 차근차근 괘효사를 읽어가면서 괘효사를 해석하는 방법에 대해 설명하도록 하겠습니다.

먼저 괘효사를 읽기 전에 본문의 구조에 대해 살펴봅시다.

준屯. 점에 묻는 일은 크게 형통하고 이롭다. 갈 곳이 있어
도 가지 말라. 제후를 세우는 게 이롭다.

단왈彖曰. 준은 강剛과 유柔가 처음 교합하여 어려움이 생
겨난 것이다. 험난한 가운데 움직이니, 크게 형통하
고 바르다. 우레와 비의 움직임이 가득하니, 하늘의
조화가 어지럽고 어둡다. 마땅히 제후를 세워 편안함
을 도모해서는 안 된다.

상왈象曰. 구름과 우레가 준괘의 상이다. 군자가 이 괘상을
본받아 천하를 다스린다.

초구. 큰 돌로 담장을 쌓아, 거주하는 곳에 관하여 점에
물으니 이롭다. 제후를 세우는 게 이롭다.

상왈. 비록 머뭇거리며 나아가지 못하고 있으나 뜻과 행
실이 바르다. 귀한 것이 천한 것 아래에 있으니 크게
백성을 얻는다.

제일 먼저 괘명이 나오고, 그다음에 괘상이 나옵니다. 괘
상이란 ☷이나 ☳ 같은 괘의 모양을 의미합니다. 그 밑에 있
는 문장들은 크게 경經과 전傳으로 나뉩니다. 경은 괘사와

효사를, 전은 단전, 상전을 가리킵니다. 경과 전으로 구분하는 이유는 경은 기원전 1000년 전인 주나라 초기에 편찬된 《주역》의 본문이기 때문입니다. 전은 경에 대한 해설로 중국의 전국시대(기원전 403~221년)부터 한나라(기원전 202~220년) 초기에 걸쳐 편찬되었습니다. 경과 전이 쓰인 시기는 적어도 육, 팔백여 년의 시차가 있습니다.

옆에 있는 본문 예시에는 〈단전〉〈상전〉만 있지만 이외에도 〈문언전〉〈계사전〉〈설괘전〉〈서괘전〉〈잡괘전〉이 있으며 총 일곱 개의 전이 《주역》에 실려있습니다. 이 중 〈단전〉은 괘사에 대한 해설이므로 괘사 밑에 배치되어 있고, 〈상전〉은 괘효사에 대한 설명이므로 괘효사 밑에 배치되어 있습니다. 〈문언전〉은 건괘와 곤괘에 대한 해설만 있으므로 건괘와 곤괘 뒤에 붙어있습니다. 나머지 〈계사전〉〈설괘전〉〈서괘전〉〈잡괘전〉은 괘효사가 아니라 《주역》의 의의나 괘의 순서, 상징 등에 관한 설명이므로 뒷부분에 별도로 배치되어 있습니다. 아래에 열 개의 전이 어떤 내용을 담고 있는지를 설명하였습니다.

〈단전象傳〉: 단象은 '판단하다'라는 뜻으로, 괘의 뜻을 판단하여 풀이한다.

〈상전象傳〉: 상象은 '모양' '상징'을 뜻한다. 괘효의 모양으로 괘효의 뜻을 설명하였다. 괘를 설명한 상전은 대상전, 상징과 효를 설명한 상전은 소상전이라고도 한다.

〈문언전文言傳〉: 건괘와 곤괘의 괘효사를 의리義理로 설명한 전. 의리란 괘효사의 뜻[의義]과 이치[리理]를 뜻한다.

〈계사전繫辭傳〉: 계繫는 '매달다'라는 뜻이고, 사辭는 사전辭典할 때의 사로, '글'이라는 뜻이다. 즉 계사는 '글을 매달다'는 뜻이다. 글을 괘효사에 매달아 《주역》의 뜻과 원리를 설명한다.

〈서괘전序卦傳〉: 64괘의 배열 순서를 해설한 전.

〈설괘전說卦傳〉: 8괘의 괘상과 괘의를 해설한 전.

〈잡괘전雜卦傳〉: 64괘를 짝을 지어 괘의 의미를 해설한 전.

좀 복잡하죠? 지금 이것을 다 기억할 필요는 없습니다. 괘사와 효사를 집중해서 봅시다. 괘사는 '괘를 설명하는 글'이란 뜻입니다. 수뢰준괘의 괘사는 수뢰준괘가 무슨 뜻인지를 설명합니다. 그런데 그 설명이 참 알쏭달쏭합니다. 수뢰준의 괘사를 읽어보면 "점에 묻는 일은 크게 형통하고 이롭다. 갈 곳이 있어도 가지 말라. 제후를 세움이 이롭다"라고 되어 있죠? 무슨 뜻인지 모르겠죠?

네,《주역》을 펼치면 괘사부터 이게 도대체 무슨 뜻인지 알 수가 없습니다. 이처럼 매우 낯선 문장으로 이루어진 이유는 《주역》이 점치는 책이었기 때문입니다. 괘사는 주역점을 쳐서 얻은 괘를 해석하는 데 쓰이는 글입니다.

효사 앞에 있는 초구, 육이, 육삼, 육사, 구오, 상육은 효명입니다. 효명은 괘 속에서의 효를 구별하기 위해 붙인 이름입니다. 아래 수뢰준괘의 괘상을 보면서 설명드리겠습니다.

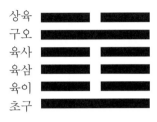

상육
구오
육사
육삼
육이
초구

수뢰준괘의 괘상과 효명.

효명은 효가 음효인지 양효인지를 표현하는 숫자와 효의 위치를 표현하는 문자 또는 숫자로 구성되어 있습니다. 양효는 효명에서는 숫자 '구'로 읽고, 음효는 숫자 '육'으로 읽습니다. 그 이유는 주역점을 치면 6, 7, 8, 9의 네 숫자가 나오기 때문입니다. 6, 8은 짝수로 음에 비정하고, 7, 9는 홀수로 양에 비정한다고 했습니다. 효명에서 7과 8은 쓰지 않고 6과 9만을 이용하여 이름을 짓습니다. 음효는 6(육), 양효는 9(구)를 붙입니다.

효의 위치는 효가 괘 안에서 어느 자리에 있느냐에 따라 초初, 이, 삼, 사, 오, 상上을 붙입니다. 만물이 아래에서 위로 자라는 것처럼 괘도 아래에서 위로 읽는데, 제일 아래에 있는 효는 '초'로 시작합니다. 초는 '처음' '시작'이라는 뜻으로, 괘의 시작을 알립니다. 제일 위에 있는 효는 '꼭대기'라는 뜻의 '상'자를 붙여 읽습니다. 초효와 상효를 제외한 다른 효는 아래부터 순서대로 숫자를 붙입니다. 그리고 초효와 상효만 효의 위치를 효상 앞에 놓고, 나머지 효명들은 효의 위치를 효상 뒤에 붙입니다. 예를 들어 수뢰준괘 육삼이라고 하면 수뢰준괘의 아래에서 세 번째 자리에 있는 효가 음효라고 것을 알 수 있습니다.

---

5.   **수천수** 水天需   ☵☰

수需. 포로를 잡았다. 광명하고 형통하다. 점에 묻는 일은 길하다. 큰 내를 건너는 게 이롭다.

초구. 교외에서 비를 만나 젖었다. 쉬지 않고 그대로 가니
　　이롭다. 재앙은 없다.
구이. 모래톱에서 젖었다. 다소 불평하는 말이 있다. 마지
　　막에는 길하다.
구삼. 진흙탕 밭에 빠져 젖었다. 도적이 들이닥친다.
육사. 피에 젖었다. 동굴에서 나온다.
구오. 술과 음식에 젖었다. 점에 묻는 일은 길하다.
상육. 동굴에 들어가니 초청하지 않은 손님 세 명이 온다.
　　경계하니 끝내 길하다.

효명 뒤에 있는 글들은 효사입니다. 괘사는 괘를 설명하는 글이고, 효사는 효를 설명하는 글입니다. 지금 이 강의의 주제는 바로 이 효사입니다. 옆에 수천수괘의 효사를 읽어 보시죠.

읽기 쉽게 단전과 상전은 제외하였습니다. 수需괘는《주역》의 다섯 번째 괘로, '젖음'을 소재로 하여 효사를 만들었습니다. 괘사를 보면 마지막에 "큰 내를 건너는 게 이롭다"라는 문장이 나오죠. 한문으로는 '이섭대천利涉大川'이라고 합니다. 경기도 이천에 가면 도로명 중에 이섭대천로가 있습니다. 이천이라는 지명도 이섭대천의 제일 앞글자와 제일 뒷글자를 따서 지은 것입니다.

이렇게 이름을 짓게 된 유래는 이천여 년 전 후삼국시대로 거슬러 올라갑니다. 고려를 세운 왕건은 후삼국을 통일하기 위해 군사들을 이끌고 후백제와의 전쟁터로 향했습니다. 지금의 경기도 이천시에 있는 복하천에 도착했을 때 큰 홍수를 만나 건널 수가 없었는데, 이때 서목이라는 사람이 안내하여 복하천을 건널 수 있었습니다. 무사히 내를 건너간 왕건과 군사들은 후백제와의 전쟁에서 큰 승리를 거둘 수 있었습니다. 훗날 왕건은《주역》에 나오는 '이섭대천'이라는 글귀를 그 지역에 내려주었고, 이로부터 이천이라는 지명이 유래하였습니다.

수천수괘의 초구의 효사를 보면 길을 가다가 갑자기 비가 내려 젖었죠. 비가 내려 젖은 건 흉한 일입니다. 그런데도 불구하고 쉬지 않고 계속 길을 가니 "이롭고 재앙이 없다"라고 되어 있죠. 즉 흉이 길로 바뀌었습니다. 두 번째 구이 효사를 보면 모래톱에서 젖었습니다. 모래톱에 빠져서 젖었으니 흉하죠. 그런데 마지막에 "길하다"고 되어 있죠. 초구와 마찬가지로 흉이 길로 바뀌었습니다. 세 번째 구삼 효사는 진흙탕 밭에 빠져서 오도 가도 못 하고 있는데 도적이 온다죠. 도적은 흉한 일이죠? 네, 구삼 효사는 '흉'을 말하고 있습니다. 육사 효사를 보면 피에 젖었죠? 피에 젖었다는 건 피를 흘렸다는 뜻입니다. 피를 흘릴 만큼 다쳤으니 흉한 일이죠. 육사 효사도 흉을 말하고 있습니다. 구오 효사를 보면 술과 음식에 젖었어요. 아주 흥청망청 부어라 마셔라 한 거죠. 그래서 길입니다. 마지막 상육 효사를 보면 초청하지 않은 손님, 즉 낯선 사람이 왔습니다. 그다지 좋은 일은 아니죠. 그런데 경계하는 마음을 풀지 않으니 끝내 길하죠. 수괘 효사가 말하고자 하는 내용을 길흉으로 정리하면 다음과 같습니다.

초구. 흉 → 길

구이. 흉 → 길

구삼. 흉

육사. 흉

구오. 길

상육. 길

사건이 진행되는 순서대로 적으면 다음과 같습니다.

흉 → 길 → 흉 → 길 → 흉 → 흉 → 길 → 길

흉했다가 길했다가 다시 흉했다가 길했다가 흉한 일이 이어지는 것 같더니 다시 길한 일이 계속 이어집니다. 길과 흉은 《주역》에 제일 많이 등장하는 대표 점단사입니다. 인생에서 일어나는 일을 크게 두 부류로 나누자면 길한 일 아니면 흉한 일으로 분류할 수 있습니다. 이처럼 길과 흉은 인생에서 일어나는 모든 일을 포괄하는 대표적인 대립쌍이라고 할 수 있습니다. 수괘 초구, 구이, 상육 효사를 보면 흉과 길이 서로 번갈아 등장합니다. 초구와 구이는 흉한 일인줄 알았는데 길하고, 상육은 흉한 줄 알았는데 길로 끝납니다.

이처럼 괘효사는 나쁜 일이 꼭 나쁘지만은 않으며, 좋은 일이 꼭 좋지만은 않다는 사실을 얘기하고 있습니다. 수천 수괘의 여섯 효사들은 길과 흉이 번갈아 출현하며, 길은 흉이 될 수 있고, 흉이 길이 될 수도 있다는 사실을 말하고 있습니다. 사람들이 괘효사의 해석을 어려워하는 이유는 여기에 있습니다. 길한 것은 길한 것이고, 흉한 것은 흉한 것인데 왜 길이 흉이 되고 흉이 길이 되는지를 이해하지 못하는 것이죠. 길과 흉이 어떠한 관계가 있는지를 이해하지 못하기 때문입니다.

앞서 정이가 말한 위와 아래를 예로 들어 대립쌍의 원리를 설명한 것을 기억하실 겁니다. 그때 책상은 위가 되기도 하고 아래가 되기도 했습니다. '책상 위'라고 하면 책상은 아래가 되고, '책상 아래'라고 하면 책상은 위가 됩니다. 책상은 동일한데 상대방에 의해 위가 되기도 하고 아래가 되기도 합니다. 길과 흉도 마찬가지라고 괘효사에서 말하고 있습니다. 길이 길한 것은 흉이 있기 때문이며, 흉은 길로 인해 흉이 됩니다. 길한 것은 그 자체로 길한 것이 아니냐 이렇게 생각하시죠? 그런데 수괘 구오 효사에 나오는 것처럼 술과 음식을 맘껏 먹는 것이 길한 일인 이유는 평소에는 술과 음식을 맘껏 못 먹기 때문이죠. 생각해 보세요. 하루 삼시 세 끼를 술과 음식을 맘껏 먹으면 그게 길하게 여겨질까요? 아마 며칠 못 가서 질릴 겁니다. 아니면 과음하다가 병에 걸리겠죠. 술과 음식을 맘껏 먹는 게 길한 이유는 평소에는 그렇게 먹지 못하기 때문입니다. 즉 길하지 않은 상태가 있으므로 길이라는 상태가 나올 수 있는 겁니다. 흉도 마찬가지입니다. 1년 365일 계속 비가 온다고 생각해 봅시다. 비 맞아서 몸에 젖는 일이 흉한 일일까요? 아닐 겁니다. 길과 흉이 생겨날 수 있는 이유는 길하지도 흉하지도 않은 상태, 즉 길과 흉의 반대되는 상태가 있기 때문입니다. 그리고 이 둘은 끊임없이 우리 인생에서 반복해서 등장합니다. 자, 다른 괘의 괘효사를 읽어보겠습니다.

스스로 읽고 이해할 수 있는 주역 공부

중부中孚. 활을 쏘아 복어를 맞추니 길하다. 큰 내를 건너
면 이롭다. 점에 묻는 일은 이롭다.

초구. 편안하여 길하다. 뜻밖의 환난이 있으니 편안하지
못하다.

구이. 학이 나무 그늘에서 울고 있으니, 그 짝이 화답하
네. 나에게 좋은 술이 있으니 너와 함께 마시네.

육삼. 적을 사로잡으니, 어떤 사람은 북을 두드리기도 하
고, 어떤 사람은 지쳐 있기도 하며, 어떤 사람은 울기
도 하고, 어떤 사람은 노래를 부르기도 한다.

육사. 보름이 지나서 말을 잃으나 재앙은 없다.

구오. 포로를 잡아 묶으니 재앙이 없다.

상구. 닭이 하늘로 올라갔다. 점에 묻는 일은 흉하다.

이 괘는 예순한 번째 괘로 괘명은 중부괘입니다. 초구 효
사를 보면 처음에는 길하다가 마지막에 환난이 있다고 합니
다. 환난이 있으니 흉이라고 할 수 있습니다. 길에서 흉으로
바뀐 거죠.

구이 효사를 보면 짝을 만나는 좋은 내용입니다. 길이라고
할 수 있죠. 육삼 효사를 보니 전쟁 중입니다. 은나라는 부족

연합국가로 주변 이민족과의 전쟁과 충돌이 잦았습니다. 그래서 이와 관련한 내용이 패효사에 자주 보입니다. 적을 사로잡았으니 이는 길한 겁니다. 그런데 전투는 쉬운 게 아니죠. 목숨이 달려있다 보니 죽을힘을 다해 싸워야 합니다. 그래서 누군가는 지쳐 있고, 친구나 지인이 다치거나 죽어서 슬프기도 합니다. 누군가는 적을 사로잡아 승리한 것을 축하하며 북을 두드리며 노래를 부르기도 합니다.

육사 효사는 말을 잃었습니다. 흉한 일입니다. 그런데 "재앙이 없다"로 끝납니다. 재앙이 없다는 것은 흉한 일이 아니라는 겁니다. 육사 효사에서는 흉이 흉 아님으로 바뀐 채 끝났습니다. 구오 효사에서는 적을 사로잡아 포로로 삼았습니다. 적을 사로잡을 정도로 전투에서 이겼으니 일단 적의 공격을 막아낸 것으로 볼 수 있습니다. 당연히 재앙은 없겠죠.

상구는 닭이 하늘로 올라가 날아가 버렸습니다. '닭이 날아봤자 얼마나 날겠어'라고 생각하시는 분들이 많을 것 같은데요. 예전에 시골에 갔다가 닭이 높은 나뭇가지 위로 날아가는 것을 보고 놀랐던 기억이 납니다. 지금이야 닭을 가둬두고 키우니까 잘 안 날지만, 밖에서 키우는 닭은 꿩만큼 날아다닐 수 있습니다. 상구 효사는 흉으로 끝났습니다. 정리해 보면 아래와 같습니다.

초구. 길 → 흉

구이. 길

스스로 읽고 이해할 수 있는 주역 공부

육삼. 길

육사. 흉 → 길

구오. 길

상구. 흉

사건이 진행되는 순서대로 적으면 다음과 같습니다.

길 → 흉 → 길 → 길 → 흉 → 길 → 길 → 흉

계속 길하지 않죠. 길이 두 번 나오다 흉이 나오고, 흉이 나오다가 길이 나오고. 계속 길과 흉이 반복해서 출현합니다. 괘효사는 이처럼 길과 흉이 반복해서 출현하는 내용으로 이루어져 있습니다. 그런데 괘효사를 읽다 보면 길로 해석할 수도 없고 흉으로 해석할 수도 없는 내용들이 나옵니다.

대과괘의 괘효사를 같이 보겠습니다. 대과괘의 초육 효사를 보면 "재앙이 없다"로 끝납니다. 재앙이 없다는 것은 길인가요? 흉인가요? 재앙은 분명 흉인데, 없다고 했으니 흉은 아닙니다. 그렇다고 길도 아닙니다. 즉 재앙이 없다는 길하지도 흉하지도 않은 겁니다.

그다음 구이 효사를 보면 죽어가는 마른 버드나무에 새잎이 나고, 늙은 남자가 젊은 아내를 얻었으니 길한 일이죠. 이롭지 않음이 없다는 이중부정입니다. 학교 다닐 때 국어 시간에 배웠죠? 이중부정은 강한 긍정이다. 그러므로 이롭지

않음이 없음은 이로움입니다. 이로움은 길에 속합니다. 그
다음 구삼 효사를 보면 흉이죠.

28.　　　택풍대과 澤風大過　　　☷

대과大過. 대들보가 굽었다. 갈 곳이 있으니 이롭고 형통
하다.

초육. 흰 띠 풀로 짠 자리를 깔았으니, 재앙이 없다.
구이. 마른 버드나무에 새잎이 나고 늙은 사내가 젊은 아
　　내를 얻었으니, 이롭지 않음이 없다.
구삼. 대들보가 굽었으니 흉하다.
구사. 대들보가 높이 솟아올랐으니 길하다. 뜻밖의 환난
　　이 있으니 곤경에 빠진다.
구오. 마른 버드나무에 꽃이 피고 늙은 여자가 젊은 남편
　　을 얻었으니, 재앙도 명예도 없다.
상육. 물을 잘못 건너다가 머리가 잠겼으니 흉하다. 재앙
　　은 없다.

구사 효사는 처음에는 길인데 나중에는 환난을 만나 곤
경에 빠집니다. 환난과 곤경은 흉이죠? 따라서 구사 효사
는 길하다가 흉으로 바뀝니다. 그다음 구오 효사는 알쏭달

쏭합니다. 구이에서는 마른 버드나무에 잎이 폈고 구오에서는 그 나무에 꽃이 폈습니다. 구이에서는 이롭지 않음이 없다고 했으니 구오에서도 길이라고 해야 합니다. 그런데 재앙도 명예도 없다고 했습니다. 재앙은 흉이고 명예는 길입니다. 재앙이 없다는 것은 흉이 아니라는 것이고, 명예가 없다는 것은 길이 아니라는 겁니다. 어떻게 해석해야 할까요? '무엇'이라는 하나의 사물은 '무엇 아님'이라는 반대되는 것과 늘 쌍을 이루고 있습니다. 길은 길 아님, 흉은 흉 아님과 쌍을 이룹니다.

길	길 아님		흉	흉 아님

그리고 길 아님에는 흉이 포함되고, 흉 아님에는 길이 포함됩니다. 즉 길과 흉은 하나로 연결되어 있지요. 따라서 아래와 같이 표로 정리할 수 있습니다.

길	길 아님	흉 아님	흉

그리고 길 아님과 흉 아님은 같은 의미입니다. 길이 아닌 것은 흉도 아닌 것이죠. 다음과 같이 정리해서 표현할 수 있습니다.

길	길도 아니고 흉도 아님	흉

길과 흉 사이에는 '길도 아니고 흉도 아님'이라는 대립항이 존재합니다. 대과괘의 효사는 이 세 가지 대립항으로 이루어져 있습니다.

초육. 흉 아님
구이. 길
구삼. 흉
구사. 길 → 흉
구오. 길도 아니고 흉도 아님
상육. 흉 → 흉 아님

대축괘의 초육은 흉 아님을 의미합니다. 그다음 구이에서는 길로 바뀌었다가 구삼에서 흉으로 다시 바뀌었습니다. 구사는 한 효 안에서 길로 시작했다가 끝에 흉이 되었습니다. 구오는 길도 아니고 흉도 아닙니다. 상육에서는 흉으로 시작했다가 끝에 흉 아님으로 바뀌었습니다.

《주역》의 괘효사는 우리의 인생이 이 세 가지 대립항이 번갈아 출현하는 사건으로 이루어져 있음을 보여주고 있습니다. 괘효사를 하나 더 읽어보실까요.

　　　　　화지진 火地晉　　　　　☷

진晉. 강후康侯가 다른 나라와 싸워 노획한 말이 많아 왕에게 바쳤다. 하루에 세 번 이겼다.

초육. 적을 공격하여 쳐부수다. 점에 묻는 일은 길하다. 노획한 것은 없다. 재앙도 없다.

육이. 적을 공격하여 압박하다. 점에 묻는 일은 길하다. 왕모王母로부터 큰 복을 받는다.

육삼. 무리를 이끌고 적을 공격하니 후회는 없다.

구사. 적을 공격하는 것이 들쥐와 같다. 점에 묻는 일은 위태롭다.

육오. 후회가 없다. 승리를 놓쳤으나 걱정하지 말라. 가면 길하여 이롭지 않음이 없다.

상구. 예리한 군대를 앞세워 속읍을 정벌하였다. 위태로우나 길하다. 재앙은 없다. 점에 묻는 일은 곤경을 겪는다.

　　화지진괘는 《주역》의 서른다섯 번째 괘입니다. 괘사에 나오는 강후康侯는 주나라 무왕의 동생으로 제후였습니다. 주나라 무왕은 은나라를 정벌하고 주나라를 종주국으로 세운 왕입니다. 진괘 괘효사는 강후가 다른 나라를 정벌한 이야기로 이루어져 있습니다. 이 괘효사에 나오는 강후 이야기 때문에 괘효사가 편찬된 시기의 하한선을 주나라 초기로 잡고 있습니다. 괘효사에 나오는 다른 사건들은 모두 강후 이야기보다 앞선 시대의 것들입니다.

초육 효사를 보면 적을 공격하여 쳐부수었습니다. 길한 거죠. 그런데 전리품이 없고 재앙도 없습니다. 길이었다가 길도 아니고 흉도 아닌 상태로 끝났습니다. 육이 효사를 보면 적을 공격하여 압박하고 있습니다. 점에 묻는 일은 길하고요. 왕모王母는 왕의 어머니로, 문왕의 어머니이자 강후의 할머니인 태임을 가리킵니다. 왕모로부터 복을 받았으니 길하죠. 육삼에 나오는 후회는 적을 공격하지 않았으면 후회했을 텐데, 공격해서 후회하지 않는다는 의미입니다. 따라서 길도 아니고 흉도 아닌 상태로 볼 수 있습니다. 구사는 적을 공격하는 것이 들쥐와 같다고 묘사하였습니다. 그 기세가 좋지 않다는 의미입니다. 그러니 점에 묻는 일은 위태롭습니다. 위태롭다는 것은 흉한 겁니다.

육오는 복잡해 보입니다. "후회가 없다"로 시작해서 승리를 놓쳤습니다. 흉한 일이죠. 그런데 걱정하지 말라고 말합니다. 그리고 "가면 길하여 이롭다"고 끝났습니다. 간다는 것은 행동한다는 의미입니다. 하고자 하는 바를 행하면 길하여 이롭다는 뜻입니다. 흉이 길로 끝났습니다. 마지막 상구는 정벌에 성공하였습니다. 길한 일이죠. 그런데 위태롭다고 말하고 있습니다. 그러나 또 길로 끝납니다. 그다음에는 재앙은 없다가 나옵니다. 재앙이 없으니 흉이 아니죠. 그런데 점에 묻는 일은 곤경을 겪습니다. 곤경을 겪는다는 것은 흉이죠. 정리하면 다음과 같습니다.

초육. 길 → 길도 아니고 흉도 아님
육이. 길
육삼. 길도 아니고 흉도 아님
구사. 흉
육오. 흉 → 길
상구. 길 → 흉 → 길 → 흉 아님 → 흉

사건이 진행되는 순서대로 적으면 다음과 같습니다.

길 → 길도 아니고 흉도 아님 → 길 → 길도 아니고 흉도 아님 → 흉 → 흉 → 길 → 길 → 흉 → 길 → 흉 아님 → 흉

길과 흉, 길도 아니고 흉도 아님 사이의 전환이 숨 가쁘게 일어납니다. 목숨이 달린 전쟁 중이기 때문입니다. 매우 급한 상황일수록 길과 흉, 길도 아니고 흉도 아님 사이의 전환이 빠르게 일어납니다. 진괘는 이것을 잘 보여주고 있죠.

지금까지 살펴본 것처럼 괘효사는 길, 흉, 길도 아니고 흉도 아님의 세 가지 대립항으로 이루어져 있습니다. 이 세 대립항 사이를 전환하면서 변화가 일어나는 것이 인생이죠.

4장

각 괘가 지닌 사물의 성질

근래 몇 년 동안 한국 사회를 뒤흔든 두 개의 괘가 있습니다. '화천대유'와 '천화동인'이 바로 그것이지요. 아마 처음에 화천대유라는 단어가 언론 기사에 등장했을 때 많은 사람이 저게 뭔가 싶었을 겁니다. 화천대유火天大有는《주역》의 열네 번째 괘이고, 천화동인天火同人은 열세 번째 괘입니다.

대장동 재개발 회사의 이름을 화천대유라 짓고, 투자자들을 천화동인 1호, 천화동인 2호 등으로 이름을 지은 것을 보고 이 사람이《주역》공부를 좀 했구나 싶었습니다. 왜냐하면 대유大有란 '크게 소유한다'는 뜻이고, 동인同人이란 '사람들을 모으다'라는 뜻을 지니고 있기 때문입니다.

화천대유 자산관리 회사 간판에 새긴 로고이자 화천대유괘의 괘상.

　화천대유와 천화동인의 앞 두 글자는 괘명이 아닙니다. 대유와 동인만 괘명이고, 화천과 천화는 괘상을 가리킵니다. 괘상은 괘의 모양입니다. 64괘는 8괘를 중첩해서 만들 수 있다고 했습니다. 화천대유와 천화동인은 각각 8괘 중 건괘와 리괘를 중첩해서 만들었습니다.

동인괘　　　　　　대유괘

　동인괘의 윗괘는 건☰, 아랫괘는 리☲로 이루어져 있습니다. 반대로 대유괘의 윗괘는 리☲, 아랫괘는 건☰입니다. 건☰과 리☲는 8괘에 속합니다. 아래 8괘를 보시죠.

건 ☰	곤 ☷
태 ☱	간 ☶
리 ☲	감 ☵
진 ☳	손 ☴

8괘의 순서는 건乾, 태兌, 리離, 진震, 손巽, 감坎, 간艮, 곤坤입니다. 위 그림에서는 화살표 방향으로 읽습니다. 고태극도를 다시 한번 보시죠. 태극 주위에 8괘가 전부 그려져 있는 것을 알 수 있습니다. 8괘에서 건은 곤, 태는 간, 리는 감, 진은 손과 각각 대립쌍을 이룹니다.

건 ☰ ⟷ 곤 ☷

태 ☱ ⟷ 간 ☶

리 ☲ ⟷ 감 ☵

진 ☳ ⟷ 손 ☴

건괘☰의 양효─를 모두 음효--로 바꾸면 곤괘☷가 됩니다. 반대로 곤괘의 음효를 모두 양효로 바꾸면 건괘가 되지요. 태괘☱의 양효를 음효로, 음효를 양효로 바꾸면 간괘☶가 됩니다. 리괘☲의 양효를 음효로, 음효를 양효로 바꾸면 감괘☵가 됩니다. 진괘☳의 양효를 음효로, 음효를 양효로 바꾸면 손괘☴가 됩니다. 이처럼 8괘는 서로 모양이 반대인 4괘가 쌍을 이룹니다. 즉 하나의 쌍은 서로 정반대되는 것을 상징합니다.

8괘 각각에는 괘가 상징하는 물상物象이 부여되어 있습니다. 물상이란 '사물을 상징한다'라는 뜻입니다. 괘는 기호이므로 사물을 괘의 상징으로 삼았습니다.

스스로 읽고 이해할 수 있는 주역 공부

건 ☰	곤 ☷
하늘	땅
태 ☱	간 ☶
연못	산
리 ☲	감 ☵
불	물
진 ☳	손 ☴
우레	바람

화천대유와 천화동인에서 화천과 천화는 이 8괘의 물상을 가리킵니다. 화천대유괘☲는 윗괘가 리☲, 아랫괘가 건☰입니다. 리☲의 물상은 불, 건☰은 하늘입니다. 불을 한자로 뭐라 하죠? 네, 화火입니다. 하늘은 천天이죠. 화천대유의 화천은 대유괘를 구성하는 8괘의 물상을 합쳐서 부른 말입니다. 대유괘, 동인괘로 부르지 않고 화천대유, 천화동인으로 부르는 이유는 화천대유라고 부르면 8괘의 물상으로 괘상을 쉽게 떠올릴 수 있기 때문입니다. 물론 그러려면 8괘의 괘상과 물상은 외우고 있어야겠죠.

《주역》을 깊게 공부하고 싶으신 분들을 위해 8괘를 외우는 방법을 소개하겠습니다. 그럴 생각이 없으신 분들은 한번 읽어 보시고 이런 방법으로 외우는구나 정도로 생각하시면 되겠습니다.

건괘 ☰ 일건천삼련	첫 번째 건은 하늘이요, 세 획이 연결되어 있다.
태괘 ☱ 이태택상절	두 번째 태는 연못이요, 꼭대기가 끊어져 있다.
리괘 ☲ 삼리화허중	세 번째 리는 불이요, 가운데가 비어있다.
진괘 ☳ 사진뢰하련	네 번째 진은 우레요, 아래가 연결되어 있다.
손괘 ☴ 오손풍하절	다섯 번째 손은 바람이요, 아래가 끊어져 있다.
감괘 ☵ 육감수중련	여섯 번째 감은 물이요, 가운데만 연결되어 있다.
간괘 ☶ 칠간산상련	일곱 번째 간은 산이요, 꼭대기만 연결되어 있다.
곤괘 ☷ 팔곤지삼절	여덟 번째 곤은 땅이요, 세 획이 끊어져 있다.

8괘가 어떻게 생겼는지 외우는 건 어렵기 때문에, 이를 말로 표현해서 외웁니다.

'일건천삼련'은 '첫 번째 건乾은 하늘이요, 세 획이 연결되어 있다'라는 뜻입니다. 건은 괘명이고, 건의 상징은 하늘입니다. 건은 양효 세 개로 이루어져 있으므로 이를 삼련이라

스스로 읽고 이해할 수 있는 주역 공부

하였습니다. 삼련이란 세 획이 모두 연결되어 있음을 말한 것입니다.

'이태택상절'은 '두 번째 태兌는 연못이요, 꼭대기가 끊어져 있다'라는 뜻입니다. 태괘는 음효가 위에 있고 양효 두 개가 그 밑에 있으므로 상절上切 즉 '꼭대기가 끊어져 있다'고 하였습니다. 태괘의 상징은 연못입니다.

'삼리화허중'은 '세 번째 리離는 불이요, 가운데가 비어있다'라는 뜻입니다. 리괘는 위에 양효, 가운데 음효, 아래에 양효로 이루어져 있는 모양입니다. 가운데 효만 끊어져 있어서 이를 허중虛中이라 하였습니다. 리괘의 상징은 불입니다.

'사진뢰하련'은 '네 번째 진震은 우레요, 아래가 연결되어 있다'라는 뜻입니다. 진괘는 위와 가운데가 음효, 아래가 양효로 이루어져 있는 모양입니다. 아래만 연결되어 있기 때문에 하련下連이라 하였습니다. 진괘의 상징은 우레입니다.

'오손풍하절'은 '다섯 번째 손巽은 바람이요, 아래가 끊어져 있다'는 뜻입니다. 손괘는 위와 가운데가 양효, 아래가 음효로 이루어져 있는 모양입니다. 아래만 끊어져 있어서 하절下切이라 하였습니다. 손괘의 상징은 바람입니다.

'육감수중련'은 '여섯 번째 감坎은 물이요, 가운데만 연결되어 있다'라는 뜻입니다. 감괘는 꼭대기와 아래가 음효이고, 가운데만 양효로 이루어져 있는 모양입니다. 가운데만 연결되어 있어서 중련中連이라 하였습니다. 감괘의 상징은 물입니다.

'칠간산상련'은 '일곱 번째, 간艮은 산이요, 꼭대기만 연결되어 있다'라는 뜻입니다. 간괘는 꼭대기만 양효이고, 나머지는 음효로 이루어져 있는 모양입니다. 꼭대기만 연결되어 있어서 상련上連이라 하였습니다. 간괘의 괘상은 산입니다.

'팔곤지삼절'은 '여덟 번째, 곤坤은 땅이요, 세 효가 끊어져 있다'라는 뜻입니다. 곤괘는 모두 음효로 이루어져 있으므로 삼절이라 하였습니다. 곤괘의 괘상은 땅입니다.

이런 방식으로 8괘의 물상과 모양을 외울 수 있습니다. 그런데 8괘의 물상은 그냥 가져다 붙인 것이 아니라, 서로 반대되는 것을 가져다 붙였습니다.

건 ☰	곤 ☷
하늘(위)	땅(아래)
태 ☱	간 ☶
연못(낮음)	산(높음)
리 ☲	감 ☵
불(뜨거움)	물(차가움)
진 ☳	손 ☴
우레(하나)	바람(다수)

건은 하늘, 곤은 땅을 상징합니다. 우리가 사는 이 세계가 존재하려면 먼저 최초로 하늘과 땅이 생성되어야 합니다. 하늘은 위에 있고 땅은 아래에 있습니다. 위와 아래는 정반

대이죠. 그리고 위와 아래는 공간을 구성합니다. 건과 곤이 상징하는 하늘과 땅은 최초로 생겨난 서로 반대되는 것으로 공간을 의미합니다.

태는 연못, 간은 산을 상징합니다. 못은 땅에 있고 산은 땅에서 하늘로 솟아올라 있습니다. 못은 산보다는 낮고, 산은 못보다 높이 있습니다. 즉 못과 산은 낮음과 높음이라는 서로 반대되는 것을 의미합니다.

리는 불, 감은 물을 상징합니다. 불은 뜨겁고 물은 차갑습니다. 즉 불과 물은 뜨거움과 차가움이라는 서로 반대되는 성질을 의미합니다. 마지막으로 진은 우레, 손은 바람을 상징합니다. 우레는 한 곳에만 떨어지는 데 반해 바람은 사방팔방 불어옵니다. 우레는 한 곳, 하나, 바람은 여러 곳, 다수라는 서로 반대되는 것을 의미합니다.

그런데 이 세계에는 서로 반대되지만 하나로 연결된, 정이의 표현대로 하자면 대립쌍의 원리로 이루어져 있는 사물들이 수없이 많이 존재합니다. 8괘는 기호 체계이므로, 그 수많은 대립쌍의 사물들을 8괘에 집어넣으면 그 어떤 사물이라도 8괘만으로 표현할 수 있습니다. 예를 들어 건은 남자, 곤은 여자를 상징한다고 부여하는 거죠. 남자는 남편, 여자는 아내일 수도 있으므로 건은 남편, 곤은 아내를 상징한다고 확장할 수 있죠. 이런 방식으로 수없이 많은 정반대되는 사물들을 8괘의 상징으로 삼을 수 있습니다. 다음은 고대 중국의 역사서인《춘추좌전》과《국어》에 나오는 8괘의 상징입니다.

건 ☰	양	하늘, 천자, 쇠, 옥
태 ☱	음	연못, 깃발, 아내
리 ☲	음	불, 해, 말, 소, 공후公侯
진 ☳	양	우레, 수레, 발, 형*, 장남
손 ☴	음	바람, 여자
감 ☵	양	물, 무리, 남편, 노고
간 ☶	양	산, 남자, 뜰
곤 ☷	음	땅, 말, 어머니, 무리, 유순, 비단

아마도 춘추전국시대에 8괘의 상징을 늘린 사람들은 각 괘의 서로 반대되는 성질을 이해하지 못한 것으로 보입니다. 진의 상징에 형이 있으므로 간의 상징에 동생이 있어야 하는데 빠져있습니다. 이처럼 대립쌍의 원리를 따르지 않고 상징을 부여하는 것은 후대로 올수록 심해집니다. 아랫글은 8괘의 상징을 설명한 〈설괘전〉의 일부입니다.

제11장. 건은 하늘이고, 둥글고, 임금이고, 아버지이고, 옥이고, 금이고, 추운 것이고, 얼음이고, 크게 붉은 것이고, 좋은 말이고, 늙은 말이고, 여윈 말이고, 얼룩말이고, 나무 열매이다.
곤은 땅이고, 어머니이고, 베이고, 솥이고, 인색한 것이고, 균등하고, 송아지와 어미 소이고, 큰 수레이고, 무늬이고, 무리이고, 자루이고, 흙에 있어서는 검은 것이다.

스스로 읽고 이해할 수 있는 주역 공부

진은 우레이고, 용이고, 검고 누런색이고, 꽃이고, 큰 길이고, 맏아들이고, 빠른 것이고, 푸른 대나무이고, 갈대이고, 말에 있어 크게 울고, 발이 희고, 다리가 길고, 이마 위에 흰 곳이 있고, 농작물에 있어 거꾸로 자라는 것이고, 궁극에는 강건하고, 무성하고 신선한 것이다.

손은 나무이고, 바람이고, 맏딸이고, 곧은 먹줄이고, 장인이고, 희고, 길고, 높고, 진퇴하는 것이고, 결단력이 없는 것이고, 냄새이고, 사람에 있어 머리카락이 적은 것이고, 이마가 넓은 것이고, 눈에 흰자위가 많은 것이고, 시장에서 세 배에 가까운 이익을 얻은 것이고, 궁극에는 움직여 멈추지 않는 괘이다.

감은 물이고, 도랑이고, 숨어 엎드리는 것이고, 바로 잡는 것이고, 활과 수레바퀴이고, 사람에 있어 근심을 더하는 것이고, 마음병이고, 귀가 아픈 것이고, 혈괘이고, 붉고, 말에 있어 아름다운 등마루이고, 성질이 민첩하고, 머리를 숙이고, 발굽이 엷은 것이고, 끌어당기는 것이고, 수레에 있어 많이 부서지는 것이고, 통하는 것이고, 달이고, 도적이고, 나무에 있어 단단하나 부드러운 것이다.

리는 불이고, 해이고, 번개이고, 둘째 딸이고, 갑옷과 투구이고, 창과 병기이고, 사람에 있어 큰 배이고, 건조한 괘이고, 자라이고, 게이고, 소라이고, 조개이고, 거북이고, 나무에 있어 줄기 윗부분이 시든 것이다.

간은 산이고, 오솔길이고, 작은 돌이고, 문의 망루이고, 나무 열매와 풀 열매이고, 혼인과 시인(사람이 함부로 문이나 거리로 들어오는 것을 금지하는 것을 관장하는 것)이고, 손가락이고, 개이고, 쥐이고, 입이 검은 짐승에 속하고, 나무에 있어 단단하나 마디가 많은 것이다.

태는 못이고, 막내딸이고, 여자 무당이고, 입과 혀이고, 훼손하고 부러뜨리는 것이어서, 붙어서 무너뜨리는 것이고, 땅에 있어 굳고 소금기가 있는 것이고, 첩이고, 양이다.

《주역》〈설괘전〉

아무 의미 없이 단어들만 나열해 놓은 것처럼 보이실 겁니다. 아래 표를 보시면 〈설괘전〉에 나오는 8괘의 상징을 분류해 놓았습니다.

〈설괘전〉에서 설명하는 8괘 상징

	건	곤	진	손	감	리	간	태
가족	아버지	어머니	장남	장녀	차남	차녀	삼남	삼녀
몸	머리	복부	발	넓적다리	귀	눈	손	입
동물	말	소	용	닭	돼지	꿩	개	양
괘덕	강건함	순종	움직임	들어감	빠짐	붙음	멈춤	기쁨
방위	서북	서남	동	동남	북	남	동북	서
운행 변화	낳음	싣다	움직임	흔듦	윤택	건조	시작과 끝	기쁨
계절	가을과 겨울 사이	여름과 가을 사이	한봄	봄과 여름 사이	한겨울	한여름	겨울과 봄 사이	한가을

이 표는 〈설괘전〉에 나오는 상징을 계통별로 분류해 놓은

스스로 읽고 이해할 수 있는 주역 공부

것입니다. 물론 이 외에도 더 많은 상징이 비정되어 있습니다. 그런데 이 많은 상징을 가만히 들여다보면 대립쌍의 원리가 보이지 않습니다. 예를 들어 건괘의 동물 상징은 말, 곤괘의 상징은 소, 진괘의 상징은 용, 손괘의 상징은 닭, 감괘의 상징은 돼지, 리괘의 상징은 꿩, 간괘의 상징은 개, 태괘의 상징은 양이라고 했습니다.

건괘와 곤괘는 반대되므로 확연히 대립성을 지닌 사물이 비정되어야 합니다. 그런데 말과 소에는 어떤 대립성이 있을까요? 그 밑에 괘덕을 보시면 건괘는 강건함, 곤괘는 순종이라고 되어 있습니다. 괘덕은 괘에 사물의 성질을 비정한 것입니다. 괘덕으로 보자면 말은 강건하고 소는 순종적이니, 건괘와 곤괘의 상징으로 볼 수도 있겠군요.

그런데 용과 닭은 어떻습니까? 용의 덕이 움직임이고, 닭의 덕이 들어감이라고 할 수 있습니까? 간괘의 상징은 개, 괘덕은 멈춤입니다. 개가 멈춤의 덕을 지니고 있다고 할 수 있을까요? 이처럼 설괘전의 상징을 꼼꼼히 분석해 보면 8괘가 지닌 대립성에 맞게 상징들이 비정되어 있지 않습니다. 괘덕을 8괘의 대립성에 맞게 고친다면 다음과 같이 수정할 수 있습니다.

	건	곤	진	손	감	리	간	태
괘덕	강건함	부드러움	움직임	멈춤	떨어짐	붙음	슬픔	기쁨

설괘전에서는 리괘의 괘덕을 붙음이라 했습니다. 그렇다면 감괘의 괘덕은 떨어짐이 되어야 합니다. 붙음과 떨어짐은 서로 반대되는 것이니까요. 설괘전에서는 태괘의 덕을 기쁨이라 했습니다. 그렇다면 간괘의 덕은 슬픔이 되어야 합니다. 이렇게 대립쌍의 원리에 맞추어 설괘전의 상징을 수정할 필요가 있어 보입니다.

어쨌든 여기서 중요한 것은 8괘가 상징하는 기본 물상도 대립쌍의 원리를 따른다는 사실입니다. 그리고 8괘는 그림 기호 체계이므로 다른 상징들을 부여해서 세계의 구성하는 모든 대립자는 8괘라는 기호로 표시할 수 있습니다. 이처럼 상징은 양효와 음효라는 대립자 기호의 의미를 확장하여 세계의 그 어떤 현상도 대립쌍으로 해석이 가능하도록 만들었습니다. 《주역》은 64괘에 불과하지만 64괘를 구성하는 8괘의 상징을 이용하여 무한대로 그 활용과 해석의 확장이 가능합니다.

5장

시간과 공간은 하나로 연결되어 있다

우리나라에는 《주역》을 수십 년 동안 공부한 사람들이 꽤 많습니다. 수십 년 공부해서 어떤 사람들은 《주역》을 통해 사회와 국가의 앞날을 예언할 수 있게 되었다고 주장하고, 또 어떤 사람들은 《주역》에 우주의 원리가 담겨있다고 주장하기도 합니다. 유튜브에 보면 《주역》에 우주의 원리가 담겨있다고 주장하는 사람들이 많이 있습니다. 우주의 원리라고 하니 뭔가 《주역》에 심오하고 대단한 원리가 있는 것 같이 느껴집니다.

《주역》에 우주의 원리가 담겨있다면 그 원리로 우리가 사는 이 사회가 왜 이렇게 돌아가는지 설명할 수 있어야 합니다. 왜냐하면 우리는 지구에 살고 있는데, 지구는 태양계에 속하고, 태양계는 은하계에 속하고, 은하계는 국부은하군에 속하고, 국부은하군은 처녀자리 초은하단에 속하고, 처녀자리 초은하단은 우주에 속하기 때문입니다. 즉 우리가 사는 곳이 곧 우주이기 때문입니다.

이 사람들이 말하는 우주의 원리는 단 하나, 음양입니다. 음양이 우주의 원리라면 음양으로 우리 사회가 왜 이렇게 돌아가는지 설명할 수 있어야 합니다. 여당과 야당은 왜 맨날 치고받고 싸우는지, 왜 물가는 매일 오르는지, 왜 사랑하는 사람과 이별해야 하는지 그 이유를 설명할 수 있어야 합니다. 그런데 음양만 읊어대는 사람들은 이런 것을 설명하지는 않습니다. 그 이유는 음양을 앵무새처럼 떠들면서도 정작 음양이 뭔지 모르기 때문입니다.

《주역》에서 말하는 원리는 음양이 맞는데, 그냥 음양이 아닙니다.

일음일양을 일컬어 도道라고 한다(일음일양지위도一陰一陽之謂道).

《주역》〈계사전〉

정확하게는 일음일양一陰一陽이 '도' 즉 원리입니다. 도道는 '쉬엄쉬엄 걷다'를 뜻하는 착辶자와 '머리'를 뜻하는 수首자를 합쳐 만든 글자로 '사람이 머리를 들고 걷다'를 뜻합니다. 도道라는 글자는 느리지만 꾸준히 길을 걷는다는 의미입니다. 꾸준히 걷다 보면 '길'이 생깁니다. 이로부터 도의 첫 번째

스스로 읽고 이해할 수 있는 주역 공부

의미인 '길'이라는 뜻이 나왔습니다. 그리고 사람과 해와 달과 별이 매일 같은 길을 걷고 있음으로부터 '규칙' '법칙'이라는 뜻이 나왔고, 반복된 규칙은 세계에 내재한 원리를 드러내므로 '원리'라는 뜻이 나왔습니다.

도가 '일음일양'이라는 것은 이 세계의 원리가 '일음일양'이라는 의미와 같습니다. 사람들은《주역》이 음양을 말하는 책이라고 하는데, 그냥 음양이라고 하면 안 되고 일음일양이라고 해야 합니다. 그게 가장 정확한 표현입니다. 그렇다면 '일음일양'은 무슨 뜻일까요? '일음일양'은 두 가지 의미를 지니고 있습니다.

한쪽은 어둡고, 한쪽은 밝다.
한 번은 어둡고, 한 번은 밝다.

음은 무슨 뜻이라고 했죠? 네, 어둠입니다. 양은 무슨 뜻이라고 했죠? 네, 밝음입니다. 어둠과 밝음은 서로 반대되면서 하나로 연결된 것이라고 했죠? '하나'를 의미하는 일—은 '한 번'으로 해석할 수도 있고, '한쪽'으로 해석할 수도 있습니다. 한 번과 한쪽은 각각 다음과 같은 의미를 지니고 있습니다.

한쪽은 어둡고, 한쪽은 밝다. → 동시에 나타남
한 번은 어둡고, 한 번은 밝다. → 번갈아 나타남

어둠과 밝음, 즉 서로 반대되는 것이 동시에 나타나려면 공간에서 분리되어 있어야 합니다. 무슨 뜻이냐면 서로 반대되는 것이 동시에 나타나려면 공간에서 분리된 다른 사물이 있어야 합니다. 반면에 하나의 사물, 하나의 존재에서 서로 반대되는 것이 동시에 출현할 수 없습니다. 하나의 존재에서 서로 반대되는 것은 번갈아 나타날 수밖에 없습니다. 무슨 의미인지 주식에서의 매도와 매수를 가지고 설명해 보겠습니다.

한쪽은 매수하고,   나 아닌 다른
한쪽은 매도한다. → 사람이 있어야 함.

한 번은 매수하고,
한 번은 매도한다. → 나

내가 주식을 매수하려면 다른 사람이 매도해야 합니다. 이때 매수와 매도가 서로 하나로 연결되면서 상대방을 낳습니다. 내가 매수와 매도를 동시에 할 수는 없지만 번갈아 할 수는 있습니다. 매수와 매도를 번갈아 해야만 이익을 볼 수 있습니다. 즉 이익과 손해는 매수와 매도를 번갈아 행할 때 발생합니다. 여기서 한쪽과 한 번의 의미를 생각해 봅시다. 한쪽은 공간에서 분리된 사물을 가리키고, 한 번은 시간에서 분리된 사물을 가리킵니다.

한쪽: 공간

한 번: 시간

'한 번'은 시간, '한쪽'은 공간을 의미합니다. 시간 속에서 서로 반대되는 것은 번갈아 출현하고, 반대로 공간 속에서 서로 반대되는 것은 동시에 출현합니다.

여기서 시간의 의미에 대해 한번 생각해 봅시다. 먼저 시간을 측정하는 방식에 대해 살펴봅시다. 요즘에는 디지털 시계라고 해서 숫자로 표시되는 시계를 많이 사용하는데, 여전히 아날로그 시계를 사랑하는 사람들도 꽤 있습니다. 아날로그 시계는 초침, 분침, 시침으로 이루어져 있으며, 이 침이 일정 거리를 이동하는 데 걸리는 것을 시간이라고 부릅니다.

아날로그 시계는 초침, 분침, 시침이 계속 회전한다.

1초는 초침이 한 번 째깍 소리를 내면서 이동하는 데 걸리는 시간입니다. 그런데 어떤 시계는 조금 빨리 가고, 어떤 시계는 조금 느리게 가기도 합니다. 만약 아프리카에 있는 시계와 경기도 용인에 있는 시계의 1초가 다르다면 우리는 뒤죽박죽된 시간을 사용할 수밖에 없습니다. 그래서 과학자들은 세계 어느 곳에서도 같은 시간을 사용하기 위해 원자시계를 만들었습니다. 원자시계는 만물을 구성하고 있는 원자로 만든 시계입니다. 국제도량형사무국에서는 수많은 원자 중에서도 세슘 133이라는 원자로 1초의 길이를 정의하였습니다.

1초 = 세슘 133 원자가 9,192,631,770회 진동하는 시간

저게 몇 번이죠? 구십일억 구천이백육십삼만 천칠백칠십번이군요. 그러니까 세슘 133 원자가 대략 구십이억 번 가까이 왔다 갔다 하는 데 걸리는 시간이 일 초군요. 어마어마한 숫자입니다. 일 초에 구십이억 번이나 왔다 갔다 하다니, 상상도 할 수 없는 엄청난 속도입니다. 여기서 세슘 원자 시계와 우리가 사용하는 아날로그 시계의 공통점을 찾아봅시다. 뭐가 공통점일까요? 바로 움직임입니다. 세슘 원자는 구십이억 번 왔다 갔다 하며 움직입니다. 아날로그 시계의 초침은 째깍하며 한 지점에서 다른 지점으로 움직입니다.

여기서 지점이란 공간에서의 위치입니다. 즉 시계는 공간에서의 한 지점과 다른 지점을 움직이는 데 걸리는 시간을 측정하는 장치입니다. 다르게 말하자면 시간이란, 공간의 한 지점과 다른 지점을 왔다 갔다 하면서 발생합니다. 그리고

스스로 읽고 이해할 수 있는 주역 공부

공간은 일종의 구조체입니다. 구조를 지닌 물체라는 뜻이죠. 왜 구조체냐면, 공간은 위아래, 앞뒤, 좌우를 지니고 있기 때문입니다. 아래 사진에 있는 정육면체는 가장 단순한 구조체입니다.

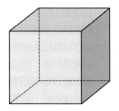

정육면체는 삼차원 기하의 기본 요소를 갖춘 입방체라고도 불린다.

공간이 정육면체와 같다고 상상해 봅시다. 정육면체에서 우리 눈에 정면으로 보이는 면을 앞이라고 하면, 그 정반대에 위치한 면은 동시에 뒤가 됩니다. 그뿐 아닙니다. 정면으로 보이는 면을 앞이라고 하는 순간, 동시에 뒤, 위, 아래, 좌, 우가 정해집니다. 여기서 앞뒤, 위아래, 좌우는 서로 반대되는 위치를 가리키는 용어입니다. 이것들은 모두 하나의 공간을 생성합니다.

다르게 말하자면 하나의 공간에서 앞뒤, 위아래, 좌우의 세 쌍은 떼래야 뗄 수 없는 하나입니다. 시간은 이 공간을 왔다 갔다 하는 데 걸리는 주기입니다. 세슘 원자는 구십이억 번 가량 왔다 갔다 하는 거죠. 정리하자면 공간은 세 쌍의 서로 반대되는 쌍으로 이루어져 있으며, 시간은 이 공간의 한 지점과 다른 한 지점을 왔다 갔다 하는 데 걸리는 주기입니다.

시간과 공간을 설명한 이유는 이러한 시간과 공간의 의미가 반영된 것이 괘와 효명이기 때문입니다. 아래 그림을 보시죠.

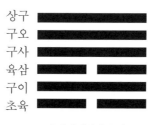

상구
구오
구사
육삼
구이
초육

송괘의 괘상과 효명.

괘를 구성하는 것은 여섯 개의 효입니다. 각각의 효는 이름을 가지고 있습니다. 위에 있는 송괘의 괘상과 효명을 보면 제일 아래에 있는 효는 초육이라 읽는데, 마지막 효는 상구라고 읽습니다. 초初는 '처음'이라는 뜻이죠. 첫 효가 '초'면 마지막 효는 '초'의 반대인 끝을 뜻하는 종終 또는 말末로 해야 마땅합니다. 그런데 마지막 효에 위를 의미하는 상上을 붙여 이름을 지었습니다. 이렇게 이름을 붙인 이유는 괘를 시간과 공간이 만든 하나의 사건으로 보기 때문입니다. 초初와 '처음'은 시간, '위'와 상上은 공간을 의미합니다.

하나의 괘는 하나의 사건을 주제로 합니다. 64괘의 첫 번째 건괘는 용이 생장하는 사건을 주제로 하죠. 송괘는 소송이라는 사건을 주제로 합니다. 다음 송괘의 괘효사를 보시죠.

천수송 天水訟 ䷅

송訟. 얻은 것이 있으니 두려워하고 경계해야 한다. 도중에는 길하나 마지막에는 흉하다. 대인을 만나는 것이 이롭다. 큰 내를 건너는 건 이롭지 않다.

초육. 송사를 오래 끌지 않고 그만두다. 다소 허물이 있으나 끝내 길하다.

구이. 읍주가 송사에서 진 뒤 돌아와 도망가니, 읍 사람 삼백 호는 재앙이 없다.

육삼. 예전에 쌓아놓은 덕을 다시 꾸미니, 점에 묻는 일은 위태로우나 끝내는 길하다. 어떤 사람이 왕의 일을 좇아 나서지만 성공하지 못한다.

구사. 송사에 져서 돌아오니 왕명이 바뀌었다. 안녕을 점에 물으니 길하다.

구오. 송사는 크게 길하다.

상구. 왕이 가죽으로 만든 허리띠를 하사해 놓고는 하루 동안 세 차례나 빼앗아 간다.

송괘 초육은 소송을 했다가 중간에 포기하는 모습을 그리고 있습니다. 구이는 읍주가 소송에 져서 도망가는 장면을 그리고 있습니다. 구사는 송사에 졌는데 왕명이 바뀌어 길하게 됨을 말하고 있습니다. 구오는 소송에 이겨 크게 길한 장면을 그리고 있습니다. 상구는 소송에 이겨서 왕이 재물을 하사했는데, 그것을 하루 동안 세 차례나 빼앗아 가는 사건으로 끝났습니다. 이렇듯 송괘는 '소송'이라는 사건을 주제로 하고 있으며 그래서 괘명도 송訟을 붙였습니다.

다음은 점괘의 괘효사를 보시죠.

---

53.   **풍산점 風山漸**   ☶

점漸. 여자가 시집을 가면 길하다. 점에 묻는 일은 이롭다.

초육. 기러기가 물가로 날아간다. 어린이가 물가로 가면 위험하니 꾸짖어 가지 못하게 한다. 재앙이 없다.

육이. 기러기가 물가 흙더미로 날아간다. 마시고 먹으며 즐거워하니 길하다.

구삼. 기러기가 육지로 날아간다. 남편은 출정하여 돌아오지 않네. 부인은 임신했지만 낳지 못한다. 흉하다. 도적을 막기에 이롭다.

육사. 기러기가 나무로 날아간다. 어떤 사람이 서까래를 얻었으니, 재앙이 없다.

구오. 기러기가 언덕으로 날아간다. 부인이 삼 년 동안 아이를 갖지 못하다가 마침내 아이를 가졌다. 길하다.

                     스스로 읽고 이해할 수 있는 주역 공부

상구. 기러기가 큰 산으로 날아간다. 그 깃털은 춤추는 도
　　구로 할 수 있다. 길하다.

　점괘의 효사는 기러기가 물가에서 날아올라 물가 흙더미,
높은 평지, 나무, 언덕, 큰 산 순으로 점점 날아가는 사건을
소재로 삼았습니다. 이때 기러기가 순식간에 날아가는 것이
아니라 단계적으로 날아가면서 멀어지므로 점漸을 괘명으로
삼았습니다.
　다음은 환괘의 괘효사를 보시죠.

59.　　　　　　풍수환 風水渙　　　　☷

환渙. 제사를 올리려고 왕이 종묘에 온다. 큰 강을 건너면
이롭다. 점에 묻는 일은 이롭다.

초육. 타고 가는 말이 튼튼하니, 길하다.
구이. 큰물이 섬돌을 급히 흘러가니, 후회가 없다.
육삼. 큰물이 몸을 휩쓸고 지나가니, 후회가 없다.
육사. 큰물이 무리를 휩쓸고 흘러가나, 크게 길하다. 큰
　　물이 언덕을 휩쓸고 흘러간다면, 평소의 생각이 아
　　니다.

구오. 땀을 흘리며 크게 울부짖는다. 큰물이 왕의 거처를
휩쓸고 흘러가나, 재앙이 없다.

상구. 큰물이 흘러가 걱정은 없어졌으나 경계하면 재앙이
없다.

환괘는 쉰아홉 번째 괘입니다. 환괘의 효사를 보면 홍수
가 났다는 것을 알 수 있습니다. 큰물이 흘러 처음에는 섬돌
을 휩쓸고 지나가다가, 육삼에서는 몸, 육사에서는 많은 사
람과 언덕, 구오에서는 왕의 거처를 휩쓸고 지나갑니다. 상구
에 이르러서는 홍수가 다 지나가고 끝이 납니다. 환괘는 홍
수가 점차 일어나서 끝나기까지의 사건을 소재로 삼았습니
다. 괘명 환은 '많은 물이 세차게 흐르는 모양'을 의미합니다.

다음 여괘의 괘효사를 보시죠. 여괘는 쉰여섯 번째 괘입
니다. 괘사에 보시면 나그네가 등장합니다. 그리고 효사에
도 계속 나그네가 등장하죠. 여괘는 나그네가 여행하면서
겪는 사건을 소재로 삼았습니다. 괘명인 '여'는 원래 군사
오백 명을 일컫는 용어였습니다. 오늘날 군대의 편제 중 하
나인 여단旅團에도 '여'자가 쓰이고 있습니다. 그리고 '나그
네'라는 의미도 지니고 있습니다. 아마도 나그네라는 의미
는 쉰여섯 번째 괘명으로 쓰이면서 나온 것이 아닌가 하는
생각이 듭니다. 이로부터 오늘날 수많은 사람이 좋아하는
여행旅行이라는 단어가 나왔습니다.

여旅. 조금 형통하다. 나그네가 점에 묻는 일은 길하다.

초육. 나그네가 의심이 많아 머물던 곳을 떠나니, 재앙을
　　　불러들인다.

육이. 나그네가 객사에 들어, 품속에 재화를 간직하고, 사
　　　내종을 얻었으니 점에 묻는 일은 길하다.

구삼. 나그네가 객사를 불태우고, 사내종을 잃었으니, 점
　　　에 묻는 일은 위태롭다.

구사. 나그네가 머무를 곳을 얻고 재화도 얻었으나, 내 마
　　　음이 불쾌하다.

육오. 꿩을 쏘아 화살 하나로 잡으니, 마침내 명예와 이름
　　　을 얻었다.

상구. 새가 그 둥지를 불태우고, 나그네가 먼저 웃다가 뒤
　　　에 울부짖는다. 역나라에서 소를 잃었으니 흉하다.

　여행을 글자 그대로 풀이하자면 '나그네가 길을 가다'라
는 뜻이죠.
　하나의 효는 음효와 양효로 구성되어 있습니다. 괘를 이
루는 효는 동시에 출현하지 않고 번갈아 출현합니다. 그래
서 괘 속의 효는 양효 아니면 음효입니다. 같은 양효라도 다

른 시간대에 출현하므로 같은 것이 아닙니다. 예를 들어《주역》의 첫 번째 괘인 건괘를 구성하는 효는 모두 양효이지만 효명에서는 초구, 구이, 구삼 등으로 이름을 지었습니다. 그것은 같은 양효라도 출현하는 시간이 다르면 다른 양효임을 의미합니다. 시간이 지나면서 양효가 음효로, 음효가 양효로 바뀌고, 또 같은 양효, 음효라도 다른 시간대에 출현하면 다릅니다. 이처럼 시간이 흘러 서로 다른 효가 출현하는 것이 바로 변화입니다. 그러므로 일음일양이란 변화를 의미합니다.

일합일벽一闔一闢을 일컬어 변화라고 한다.

《주역》〈계사전〉

일합일벽은 일음일양과 같은 의미입니다. 합闔은 '닫다', 벽闢은 '열다'라는 뜻으로, 다음과 같이 두 가지 의미를 지니고 있습니다.

한 번은 열고 한 번은 닫는다.
한쪽은 열고 한쪽은 닫는다.

대립쌍이 동시에 출현하거나 번갈아 출현할 때 변화가 일어납니다. 그 변화가 바로 사건입니다.

스스로 읽고 이해할 수 있는 주역 공부

통변通變을 일컬어 사건이라 한다.

《주역》〈계사전〉

통변은 변통變通입니다. 우리가 일, 사건이라고 일컫는 것
은 사물의 통변에 의해 일어납니다. 대립쌍이 번갈아 출현
하거나 동시에 출현하는 것이 사건이고 변화입니다. 그런데
서로 반대되는 것이 동시에 출현할 때는 사실 시간이란 존
재하지 않습니다. 곰곰이 생각해 봅시다. 매도와 매수가 하
나로 연결되어 상대방을 낳을 때 시간이란 존재하지 않습니
다. 매도와 매수가 하나로 연결되어 매도자에게는 돈이 넘
어가고, 매수자에게 주식이 넘어가는 일이 동시에 일어납니
다. 그리고 동시에 매도와 매수의 역할이 끝납니다. 즉 매수
와 매도는 생성됨과 동시에 소멸합니다.

주식과 돈이 각각 상대방에게 넘어가는 순간 동시에 매매
가 체결되어 매도와 매수는 생성되고 동시에 매도와 매수는
소멸합니다. 이해가 안 된다면 잠깐 생각해 봅시다. 생성된
매도와 매수가 지속합니까? 아닙니다. 매도와 매수는 돈과
주식을 상대방에게 넘겨주는 것으로 역할이 끝났습니다. 이
상태를 다른 말로 하면 매도와 매수가 소멸하였다고 할 수
있습니다.

매도와 매수가 동시에 일어났다가 소멸하면 시간이란 존
재하지 않습니다. 앞에서 설명했지만 시간이란 공간의 한
지점과 다른 지점을 왔다 갔다 하는 주기입니다. 왔다 갔다

하는 것이 동시에 일어난다면 시간이란 존재할 수가 없죠.

서로 반대되는 것이 동시에 서로를 낳는다는 것은 결국 시간이 없다는 의미입니다. 그러므로 시간이 존재하려면 대립쌍이 번갈아 출현해야 합니다. 그것을 《주역》에서는 다음과 같이 말하였습니다.

변통은 시간을 취하는 것이다.

《주역》〈계사전〉

변통은 서로 반대되는 것이 공간에서 번갈아 출현할 때 발생하고 이때 시간도 더불어 발생합니다. 이것이 《주역》에서 말하는 시간과 공간의 의미입니다. 즉 시간과 공간은 하나로 연결되어 있습니다.

자, 다시 송괘의 괘와 효명을 봅시다.

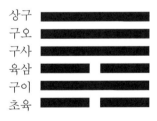

송괘의 괘상과 효명.

괘의 제일 아래에 있는 효를 초효라 부릅니다. 초는 시간을 의미하지만 공간에서는 아래입니다. 그러므로 초효는

스스로 읽고 이해할 수 있는 주역 공부

아래를 의미하는 하효下爻의 의미를 같이 지니고 있습니다. 그리고 상효에서 상上은 공간을 의미하지만 시간에서는 시작의 반대인 끝입니다. 그러므로 상효는 끝을 의미하는 종효終爻의 의미를 같이 지니고 있습니다. 이것은 시간과 공간이 하나로 연결되어 있음을 의미합니다. 시간과 공간이 하나로 연결되어 하나의 사건을 만듭니다. 괘는 서로 반대되는 것이 이어서 발생하여 만든 하나의 사건을 상징하는 기호이며, 그 기호는 하나로 연결된 시간과 공간 속에서 존재합니다. 이것이 괘가 지닌 의미입니다.

6장

궁극의 순간에 변한다

사람들은 역易이라는 글자의 뜻이 변화를 의미하며, 《주역》이 변화를 말하는 책이라고 합니다. 그중 대표적인 사람이 《중국철학사》로 유명한 풍우란입니다. 《중국철학사》라는 책은 중국에서의 철학의 생성과 발전 과정을 연대기순으로 정리한 최초의 책으로, 풍우란은 이 책으로 세계적으로 유명해졌습니다. 박근혜 전 대통령도 이 책을 자신의 삶을 바꾼 책이라고 소개한 적이 있습니다.

그런데 저는 《주역》이 변화를 말하는 책이라는 얘기를 들을 때마다 한가지 의구심이 듭니다. 무슨 의구심이냐 하면, 그거 다 아는 이야기 아니냐는 거죠. 이 세계가 변화하고 있다는 사실은 누구나 알고 있습니다. 오늘과 내일 날씨가

스스로 읽고 이해할 수 있는 주역 공부

다르고, 또 내일과 모레 날씨가 다를 겁니다. 엊그제까지만 해도 몹시 더워서 땀을 흘렸는데, 이 글을 쓰고 있는 지금 태풍이 오고 있어서 비가 내리고 있습니다. 태풍이 지나가고 나면 다시 더워지겠지만, 이제 서서히 가을의 기운이 느껴질 겁니다. 이처럼 날씨도 매일 다르고, 우리의 일상도 똑같아 보이지만 매일매일 다릅니다.

세월의 흐름은 아이의 성장을 보면 잘 안다고 하죠. 하루하루가 다르게 쑥쑥 커가는 아이를 볼 때마다 매일 변화하는 것이 느껴집니다. 이처럼 당연하고도 모두가 매일 느끼는 사실을 괘와 효를 가지고 어렵게 얘기할 필요가 있을까요? 없습니다.

그렇다고 《주역》이 변화를 말하고 있지 않은 건 아닙니다. 《주역》은 정확히 말하자면 변화의 원인이 무엇인지를 말하는 책입니다. 즉 무엇 때문에 변하는지를 말하는 책이 《주역》입니다. 〈계사전〉에서는 변화의 원인을 다음과 같이 설명하고 있습니다.

강과 유가 서로를 낳고 기르면서 변화를 낳는다(강유상수이생 변화剛柔相遂而生變化).

《백서 주역》〈계사전〉

강剛은 '단단해서 부러짐', 유柔는 '굽음과 곧음'이라고 설명한 바 있습니다. 곱음과 굳음이라는 것은 곧기도 하지만 굽기도 하므로 부러지지 않는다는 뜻입니다. 단단해서 부러지는 것과는 정반대이죠.

앞에서 부모와 자식의 예를 들어서 서로 반대되는 것이 서로를 낳고 기르는 것에 관해 설명한 것을 기억하고 계실 겁니다. 저는 아이가 없어서 부모가 아니라는 것도 얘기했었죠. 만약 제가 아이를 낳는다면 저는 부모가 되고, 아이는 자식이 되죠. 하나의 새로운 생명이 태어나고 그것을 길러야 한다는 것이 제 인생에는 엄청난 변화를 가져다줄 겁니다. 반대되는 것이 서로를 낳고 기르는 것 그것이 바로 변화라고 《주역》은 말하고 있습니다. 즉 변화의 원인은 서로 반대되는 것입니다.

자, 다시 주식으로 예를 들어보겠습니다. 주식 호가창을 보면 매도와 매수가 계속 하나로 연결되면서 새로운 가격이 태어납니다. 이 가격들을 틱tic이라고 합니다. 틱tic은 매도와 매수가 서로 하나로 연결되어 서로를 낳는 순간을 의미하는 주식 용어입니다. 틱은 틱택tictac에서 온 용어로, 틱택은 영어에서 시계 초침이 돌아가는 소리를 표현하는 단어입니다. 오른쪽 캡처 화면은 에코프로라는 종목의 1틱 차트입니다. 1틱 차트는 매매가 체결되어 결정된 가격을 선으로 이어서 보여줍니다.

화면 하단에 박스를 보면 매도와 매수가 하나가 되어 체결된 매매가가 있습니다. 10시 30분 53초에 1,148,000원에 매매가 체결되었다가 그 1초 뒤인 54초에 1,149,000원에 매매가

스스로 읽고 이해할 수 있는 주역 공부

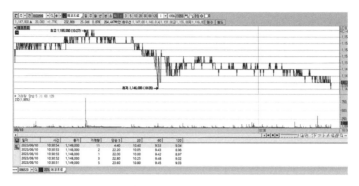

에코프로 1틱 차트와 가격.

체결되었다는 것을 알 수 있습니다. 위의 1틱 차트를 보면 최고 1,155,000원까지 올랐다가 최저 1,146,000원까지 떨어졌다는 사실을 알 수 있습니다.

이 최고가, 최저가는 화면에 보이는 시간대에서만 최고, 최저가입니다. 이처럼 매도와 매수라는 서로 반대되는 것이 계속 하나로 연결되면서 에코프로 주식 가격의 변화가 계속 일어납니다. 이것이 바로 변화의 본질이라는 것이 《주역》의 설명입니다.

그런데 어떤 경우에는 반대되는 것이 서로를 '동시에' 낳지 않고 '번갈아' 낳습니다. 주식 매수자가 되려면 매도자인 타인이 있어야 합니다. 내가 매수자일 때는 매도자인 남이 있어야 하고, 내가 매도자일 때는 남이 매수자가 되어야 합니다. 이 경우에는 동시에 매수와 매도가 서로를 낳습니다. 그런데 매수와 매도가 번갈아 출현할 때가 있습니다. 언제죠? 어느 상황이죠? 바로 내가 매수와 매도를 번갈아 할 때입니다. 왜냐하면 내가 동시에 매수와 매도를 할 수는 없으니까요. 에코프로 주식을 매수하면서 동시에 매도할 수는 없습니다. 불가능할뿐더러 그렇게 하지 않는 가장 큰 이유는 내가 매수하면서 동시에 매도를 하면 이익을 낼 수 없습니다. 매수 뒤에 주가가 오르고 나서 매도해야 이익을 낼 수 있습니다. 그뿐 아니라 에코프로 주가의 상승과 하락이 동시에 일어나지도 않습니다. 주가의 상승과 하락이 동시에 일어나면 아예 주식 시장이 존재할 수 없습니다. 따라서 에코프로 주가의 상승과 하락도 번갈아 일어나야 합니다. 이처럼 대립쌍이 번갈아 출현할 때 변화라는 것이 생깁니다. 이것을 《주역》에서는 다음과 같이 말합니다.

> 역은 궁하면 변하고, 변하면 통하고, 통하면 오래 간다(역궁즉변易窮則變, 변즉통變則通, 통즉구通則久).
>
> 《주역》〈계사전〉

'궁즉변'은 아마 들어본 분들이 꽤 있을 겁니다. 궁은 극極, 즉 끝을 의미합니다. 궁하면 변한다는 말은 극에 다다르면 변화가 일어난다는 말입니다. 궁이란 번갈아 출현하는 대립항의 발전이 끝에 이르렀음을 의미합니다. 서로 반대되는 것은 하나이므로 한쪽 대립항의 발전이 궁극에 이르면 다른 대립항으로 전환합니다. 오른쪽 양지사 주식 차트가 궁즉변을 잘 보여줍니다.

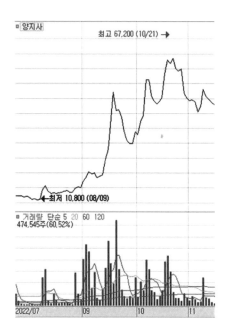

양지사 2022년도 일 종가선 차트.

보시는 차트는 양지사 일 종가선 차트입니다. 일 종가선 차트는 매일의 종가를 선으로 이은 차트입니다. 우리나라에서는 거의 쓰지 않는 차트인데, 저는 종종 이 차트를 사용합니다. 왜냐하면 종가선 차트는 궁즉변을 잘 보여주기 때문입니다. 차트를 보면 10,800원에서 최고 67,200원까지 오르는 동안 두 개의 계곡과 세 개의 봉우리가 생성되었습니다. 67,200원이 선보다 훨씬 높은 곳에 떠 있는 이유는 이 선 차트는 하루의 종가만을 이은 것이기 때문입니다. 무슨 뜻이냐면 67,200원은 종가가 아니라 장중에 생성된 가격 중에서 최고가에 해당합니다.

첫 번째 봉우리를 보면 주가가 급격하게 상승했다가 천장을 치고 다시 급격하게 하락하기 시작했습니다. 하락하던 주가는 바닥을 치고 다시 급격하게 상승하여 이번에는 첫 번째 봉우리마다 높게 상승했습니다. 두 번째 상승에서 궁극에 이르니 다시 하락했다가 바닥을 치고 다시 상승하기 시작해 최고가 67,200원에 도달하여 궁극에 이르렀습니다.

천장과 바닥은 주가가 궁극에 이르렀음을 표현하는 용어입니다. 주가의 변화는 상승과 하락이라는 대립쌍이 번갈아 출현하면서 생성됩니다. 상승했다가 하락으로 전환하고, 하락했다가 다시 상승으로 전환하는 지점이 바로 《주역》에서 말하는 궁극입니다.

궁극이란 한편으로는 막힘을 의미합니다. 더는 발전의 여지가 없이 꽉 막힌 것이 궁극입니다. 궁즉변은 막힌 것이 변화하는 것이므로 한편으로는 뻥 뚫림입니다. 막힌 것이 뚫리면 통하게 되죠. 그래서 변즉통이라고 한 것입니다. 그렇게 한 번 통하게 된 것은 일정 기간 그 추세를 유지합니다. 그것을 오래 간다고 한 것입니다.

《주역》의 괘 중에서 궁즉변의 의미가 무엇인지 가장 잘 보여주는 괘가 건乾괘입니다. 건괘의 괘상은 ䷀으로, 양효 ━ 여섯 개가 쌓여있습니다. 여섯 개의 효는 다음과 같은 의미를 지니고 있습니다.

중천건 重天乾

건乾. 크게 형통하고 점에 묻는 일은 이롭다.

초구. 잠겨있는 용이니 움직이지 말라.

구이. 용이 들에 나타났으니, 대인을 만나보는 것이 이롭다.

구삼. 군자가 종일 힘쓰고 또 힘쓰며, 밤에는 두려워하면 위태로우나 재앙은 없다.

구사. 용이 간혹 뛰어올라 연못에 있으나 재앙은 없다.

구오. 용이 날아올라 하늘에 있으니 대인을 만나보는 것이 이롭다.

상구. 끝까지 올라간 용은 후회하게 된다.

건괘는 모두 양효이므로 효명에 전부 구를 사용합니다. 초구에 나오는 '잠겨있는 용'은 한자로는 잠룡潛龍입니다. 잠룡은 대권에 도전하는 사람을 가리키거나 조선시대에는 왕세자를 일컬었습니다. 변화가 진행되면서 잠겨있는 용이 점차 땅 위로 올라오고 구오에서 끝내 하늘에 올라가 비룡이 됩니다. 그리고 상구에서 궁극에 달합니다. 궁극에 이르렀으니 하나로 연결된 대립항으로 전환할 일만 남았습니다. 그래서 후회하게 됩니다. 건괘의 여섯 효가 의미하는 바를 정리하면 다음과 같습니다.

초구. (잠룡潛龍) 아직 때가 아니니 움직이면 안 된다.

구이. (현룡見龍) 일이 이제 시작되니 유력자의 도움을 받는 것이 좋은 때이다.

구삼. (중中) 성실과 겸손으로 임해야 한다.

구사. (약룡躍龍) 때가 다가와 일이 이루어지는 단계로 아직 재앙은 없다.

구오. (비룡飛龍) 일이 이루어졌다. 더 올라가지 말라는 유력자의 조언이 필요하다.

상구. (항룡亢龍) 조언을 무시했다가 궁극에 달하여 후회한다.

　용은 아주 상서로운 동물로, 지금까지 건괘에 등장하는 용은 왕, 군주를 상징하는 것으로 해석해 왔습니다. 조선 세종 때에 〈용비어천가〉를 지어 목조에서 태종까지 여섯 왕에 걸쳐 이루어진 건국의 과정을 노래하였던 것도 건괘가 왕, 남자를 상징하는 것에서 유래하였습니다.

　《설문해자》에서는 용에 대해 "비늘 달린 동물 중의 우두머리다. 숨을 수도 있고 나타날 수도 있으며, 아주 작아질 수도 있고 아주 커질 수도 있으며, 짧아질 수도 있고 길어질 수도 있다. 춘분이면 하늘에 오르고, 추분이면 깊은 못 속으

로 잠긴다"라고 설명하고 있습니다. 숨음과 나타남, 작아짐
과 커짐, 짧음과 긺, 춘분과 추분, 하늘과 못은 그 뜻과 기능
과 위치가 정반대입니다. 용은 이처럼 반대되는 것 사이를
자유롭게 왔다 갔다 하면서 변화할 수 있습니다. 따라서 건
괘에서 용을 등장시킨 이유는 용이 궁즉변을 능수능란하게
행하는 동물이기 때문입니다. 무슨 뜻이냐면 왕과 대통령이
용이 아니라, 대립쌍 사이를 자유롭게 오가며 변화하는 사
람이 용인 겁니다.

건괘 외에도《주역》의 괘효사에서 궁즉변의 이치를 보여
주는 곳이 상당히 많습니다.

12. 　　　　　　**천지비 天地否** 　　　　

비否. 막혀야 할 것은 그 사람이 아니니, 군자가 점에 묻는
　일은 이롭지 않다. 잃는 것은 크고 얻은 것은 적다.

　초육. 띠풀 뿌리와 그 무리의 것을 뽑으니, 점에 묻는 일
　　　은 길하고 형통하다.
　육이. 경계하는 마음을 품으니 소인은 길하고 대인은 막
　　　힌다. 형통하다.
　육삼. 수치심을 품는다.
　구사. 명이 있으니 재앙은 없다. 누가 복을 받겠는가?

구오. 막힐 것을 두려워하니 대인은 길하다. 주나라를 망
하게 할 것이다! 망하게 할 것이다! 무성한 뽕나무에
묶어놓은 것과 같이 견고하다.

상구. 잠시 막힌다. 처음에는 막히나 나중에는 기뻐한다.

비괘☷☰ 상구의 효사를 보면 처음에는 막히나 나중에 기뻐
한다는 구절이 있죠. 처음에는 막힌다는 것은 흉이죠, 나중
에 기뻐한다는 것은 길입니다. 처음에는 흉한데 끝에는 길
로 바뀝니다. 이러한 효사는 궁즉변, 변즉통의 원리를 보여
주고 있습니다. 반면에 다음 괘들은 처음에는 길한데 마지
막에 흉으로 궁즉변하는 것을 보여줍니다.

---

24.   **지뢰복 地雷復**   ☷☳

복復. 형통하다. 출정하고 돌아옴에 거리낌이 없다. 원병
이 오니 재앙이 없다. 그 길을 되돌아오는데 칠일이면 돌
아온다. 갈 곳이 있으니 이롭다.

초구. 멀리 가지 않고 돌아오니, 큰 후회가 없으며 크게
길하다.

육이. 기뻐하며 돌아오니 길하다.

육삼. 찡그리며 돌아오니 위태로우나 재앙은 없다.

육사. 중도에서 혼자 돌아온다.

육오. 급하게 돌아오니 후회가 없다.

상육. 길을 잃고 돌아오니 흉하여 재앙이 있다. 출병하였
으나 마침내 크게 패하여 임금에게도 영향을 미쳐 흉
하다. 십 년이 되어도 정벌하지 못한다.

복괘의 효사를 보면 초구와 육이에는 길하고 육삼에서는
재앙이 없고 육오에서는 후회가 없는 길한 내용입니다. 그
런데 마지막 상육에서는 흉하여 재앙이 있습니다. 상육은
사건의 변화가 궁극에 달한 상태입니다. 궁극에 달하니 길
이 흉으로 변하는 궁즉변의 이치를 표현하고 있습니다.

42.　　　　　　　**풍뢰익 風雷益**　　　　　

익益. 갈 곳이 있으면 이롭다. 큰 강을 건너면 이롭다.

초구. 큰 건물을 지으면 이롭고 크게 길하여 재앙이 없다.

육이. 어떤 사람이 10붕의 값이 나가는 거북을 내려주니
어길 수 없다. 오랜 기간의 일을 묻는 점은 길하다.
왕이 상제에게 제사를 올리니 길하다.

육삼. 흉한 일을 도와주니 재앙이 없으며 포로를 사로잡
았다. 중행이 홀을 잡고 공에게 올린다.

육사. 중행이 공에게 알려 공이 따르니, 상을 도와 천도하
는 것이 이롭다.

구오. 포로가 내 마음을 따르니 추궁하지 않아도 크게 길
하다. 포로가 나의 덕에 순종한다.

상구. 도와주는 사람이 없는데 공격받으니, 세운 그 마음
을 영원히 가지지 말라. 흉하다.

익괘 초구는 길하여 재앙이 없습니다. 육이도 길하고, 육
삼도 포로를 사로잡았으니 길합니다. 육사도 길하고, 구오는
크게 길합니다. 그런데 마지막 상구에서 궁즉변이 일어납니
다. 상구 효사는 적의 공격을 받았는데 내 편이 아무도 없어
도와주는 사람이 없으니 배신하라는 뜻입니다. 그러니 흉합
니다. 계속 길하고 이롭다가 마지막 상구에서 흉으로 전환
하는 궁즉변의 원리를 제대로 보여주고 있습니다.

궁즉변에서 우리가 놓치기 쉬운 지점은 언제가 대립항으
로의 변화가 시작될 때냐는 것입니다. 궁즉변은 '궁극에 달
하면 변한다'입니다. 다르게 말하면 변화가 시작될 때가 궁
극입니다. 그런데 궁극이란 사물의 변화가 극에 달한 때입니
다. 따라서 궁극의 때를 알아차리는 것은 굉장히 어렵습니
다. 왜 어려운지 다음 리괘를 보면서 설명하겠습니다.

스스로 읽고 이해할 수 있는 주역 공부

중화리 重火離   ☲

리離. 점에 묻는 일은 이롭다. 형통하다. 암소를 기르면 길
하다.

초구. 어지러운 발자국 소리를 들으니 경계하면 재앙이
　　없다.

육이. 꾀꼬리로 점을 치니 크게 길하다.

구삼. 해가 기우는데 적이 침입하였다. 부를 치지 않고 소
　　리를 지르고, 늙은이는 탄식하니 흉하다.

구사. 적이 갑자기 쳐들어와, 불태우고 죽이고 내던져 버
　　린다.

육오. 눈물을 줄줄 흘리며 슬퍼하고 탄식하나, 길하다.

상구. 왕이 출정하여 가나라의 왕을 참수하고 적을 사로
　　잡았으니, 재앙이 없다.

　리괘는 적이 침입하여 공격받는 사건을 기술하고 있습니
다. 구삼과 구사의 효사를 보면 참혹하기 그지없는 흉한 광
경을 그리고 있습니다. 그런데 육오의 효사에서 눈물을 줄
줄 흘리며 슬퍼하고 탄식하다가 갑자기 길로 끝납니다.

　구삼에서부터 시작된 적의 침입은 구사와 육오까지 계속
됩니다. 육오의 효사에서 슬퍼하고 탄식함은 적의 침입으로

인한 피해가 궁극, 즉 극심해졌음을 의미합니다. 이럴 때 대부분 사람은 괴로움과 슬픔으로 인해 절망에 빠진 채 멍하니 하늘만 바라봅니다. 그런데 이렇게 사건의 진행이 궁극에 이르렀을 때가 바로 변화가 시작되는 시작입니다. 절망이 희망으로, 슬픔이 기쁨으로 변화하기 시작하는 때입니다. 육오 효사 마지막에서 길로 끝난 이유가 바로 그것입니다. 그리고 마지막 상구에서 우리를 공격한 가나라를 공격하여 왕을 참수하여 복수에 성공합니다. 계속 흉하다가 길로 끝났습니다. 이것이 바로 궁즉변의 원리입니다.

스스로 읽고 이해할 수 있는 주역 공부

7장

순환하는 우주를 담은 64괘

　우리나라 사람들은 《논어》를 참 좋아합니다. 수많은 중국 고전 중 《논어》만큼 많이 팔리고 관련 서적이 많이 나와있는 고전도 없습니다. 잘 아시다시피 《논어》는 공자의 언행집입니다. 그래서 "공자가 말했다"로 시작하는 문장이 대부분입니다. 《논어》에 보면 공자가 《주역》을 공부했음을 알 수 있습니다.

　공자가 말했다. "내가 몇 년 동안 틈을 내 공부하여 오십 세에 역을 다 배워 큰 잘못이 없게 할 수 있었다."

《논어》 〈술이〉

뒤늦게 배웠지만, 공자는 주역 공부를 열심히 했던 것으로 보입니다. 《백서 주역》〈요要〉 편에 이와 관련한 재미있는 일화가 실려있습니다.

공자가 늙어서 역易을 좋아하여 집에 있을 때는 옆에 두고 길을 갈 때는 자루에 넣어 다녔다. 자공(공자의 제자)이 말했다. "선생님께서 예전에 제자들에게 가르치시기를 '덕행이 없는 자가 신령을 좇고, 지모가 없는 사람은 복서(卜筮, 갑골복과 주역점)를 찾는다'고 말씀하셨습니다. 저는 이 말씀이 옳다고 생각하였습니다. 그런데 선생님의 말씀을 가지고 생각해 보면, 저는 선생님의 모습을 이해할 수 없습니다. 선생님께서는 어떻게 노년에 역을 좋아하십니까?"
공자가 말했다. "군자는 법도를 갖추어 말을 한다. 내가 역을 좋아하는 것이 예전의 가르침을 어긋나는 것 같아 네가 책망하고 있지만, 나는 내 말을 어기지 않았다. 역의 요지를 살펴보면, 내가 한 말을 어긴 것이 아니다. 지금 전해 내려온 옛날 책에는 결함이 많으나 역은 완전하다. 게다가 또 옛날 성인이 남긴 말이 있다. 나는 역을 복서로 사용하는 것에 그치지 않고, 나는 그 괘효사를 완미하고자 하는 것이니, 어찌 내가 역을 좋아하는 것이 잘못이겠는가?"

《백서 주역》〈요〉

자공은 공자의 십대 제자 중 한 명으로, 위 대화에서 자공은

스스로 읽고 이해할 수 있는 주역 공부

《주역》은 점치는 책인데 왜 그걸 좋아하냐고 신랄하게 공자를 비판하고 있습니다. 이 비판에 대해 공자는 자신은《주역》을 점치는 책으로 보지 않고, 괘효사를 즐기고자 하는 것이라고 강변하고 있습니다. 그러자 자공은 괘효사를 즐기는 것조차도 비판합니다.

자공이 말했다. "이와 같다면, 군자는 이미 중대한 잘못을 저지른 것입니다. 저는 선생님에게 '올바름을 좇아 의를 행하면 미혹되지 않는다'고 들었습니다. 지금 선생님께서 말씀하신 '주역을 복서로 사용하는 것에 그치지 않고, 그 괘효사를 완미하는 것'은 그릇된 것인데, 이렇게 해도 됩니까?"

공자가 말했다. "터무니없구나! 자공아! 내가 너에게 역의 도를 가르쳐주겠다. (백서에서 여기에 있는 문장은 대부분 지워지고 일부 글자만 남아있다) 무릇 역易은 강한 사람에게는 두려움을 알게 하고, 유柔한 사람에게는 강함을 알게 하며, 어리석은 사람은 망녕되지 않게 하고, 간사한 사람은 남을 속이는 짓을 하지 않게 한다. 문왕은 인仁하였으나 뜻을 얻지 못하여 그가 생각한 것을 이루지 못하였다. 주紂왕이 무도하니 문왕이 역을 지어 이를 숨겨서 주紂왕의 박해를 피한 연후에 역은 비로소 흥하였다. 나는 역으로 미래를 아는 것을 즐긴다. 문왕이 역을 짓지 않았다면 내가 어찌 문왕이 주왕을 섬긴 일을 알겠는가?"

자공이 말했다. "부자(夫子, 고대 중국에서 타인에 대한 존칭)께서도 그 서(筮, 주역점)를 믿습니까?"

공자가 말했다. "내가 백 번 점을 쳐 칠십 번을 맞혔다. 다만 주양산의 점은 또한 많은 사람들이 얻은 것을 따를 뿐이다. 역에서 나는 축祝(무巫와 같은 뜻이다)과 갑골복은 뒤로 한다. 나는 역에서 덕과 의義를 볼 뿐이다. 은밀히 신명의 도움을 받아 수數에 통달하면, 수를 밝혀 덕에 통달하고 또 인을 지키고 행할 뿐이다. 은밀하게 신명의 도움을 구하고도 수에 통달하지 못하면 무당에 불과하고, 수에 밝으나 덕에 이르지 못하면 그것은 사史(천문역법과 점술을 담당하는 관리를 가리킨다)에 불과하다. 사무史巫의 서筮는 주역점을 우러러보나 이르지 못하고, 점을 쳐 맞히는 것을 좋아하나 그렇게 하지 못한다. 훗날의 선비들이 나를 역 때문에 의심할지 모르지만, 나는 그 덕을 구할 뿐이다. 나와 사무는 길은 같으나 지향하는 것은 다르다. 군자는 덕을 행함으로써 복을 구하므로 제사를 통해 복을 구하는 것이 적다. 인의를 행함으로써 길함을 구하므로 복서로써 길함을 구하는 일이 드물다. 이것은 축祝과 무巫와 복서卜筮를 뒤로 한 것이 아닌가?"

《백서 주역》〈요〉

공자는 매우 자주 주역점을 쳤던 것으로 보입니다. 백 번 점을 쳐 칠십 번을 맞혔다고 스스로 얘기할 정도로 말입니다. 공자는 《주역》을 통해 도달할 수 있는 세 가지 단계에 대해 말합니다. 첫째는 점을 쳐서 신의 뜻을 구하지만 수에 통달하지 못하는 무당, 두 번째는 수에는 통달하여도 덕에 통달하지 못하는 사史, 세 번째는 역을 통해 덕을 구하는 군자입니다. 공자는 점을 쳐 수에 통달하고, 이로써 덕에 통달하는 단계에 이르렀다고 스스로 자부하고 있습니다.

이처럼 《주역》으로 수에 통달하고 덕에 통달하여 인을 구하는 최고 단계에 도달한 공자는 《주역》에 관한 수많은 글을 남깁니다. 그중 명문으로 꼽히는 글이 있습니다.

> 공자가 말했다. "글은 말을 다 드러내지 못하고, 말은 뜻을 다 드러내지 못한다. 그러므로 성인의 뜻은 (말과 글로는) 다 드러낼 수 없다. (따라서) 성인이 상象을 세워서 뜻을 드러내었고, 괘를 만들어 참과 거짓을 드러내었다."
>
> 《주역》〈계사전〉

공자가 한 말을 꼼꼼히 읽어봅시다. 공자의 말을 쉽게 설명하면 "글로는 말을 다 표현할 수 없고, 말로는 뜻을 다 표현할 수가 없다. 그러므로 성인이 괘상을 세워 참과 거짓을 밝힐 수 있게 하였다"가 됩니다. 괘상은 서로 반대되는 것으로 이루어져 있습니다. 양효는 숫자 7과 9로 표현하며, 7은 변하지 않음 9는 변함을 의미한다고 설명했습니다. 이것이 의미하는 바는 '사물은 무엇과 무엇 아님으로 이루어져 있음'이라고 설명했습니다.

사물은 정반대되는 것으로 이루어져 있는데 우리의 직관으로는 한쪽 면만 볼 수 있고, 표현할 수 있습니다. 언어로 이 세계가 서로 반대되는 것으로 이루어져 있다는 것을 '동시에' 표현할 수 있을까요? 예를 들어 '나는 너를 사랑해'라고 말하는 순간 동시에 "나는 너를 사랑하지 않아"라는 언어/개념이 출현합니다. 동시에 출현할 수밖에 없죠. 왜냐하면 "나는 너를 사랑해"라는 언어/개념은 "나는 너를 사랑하지 않아"라는 언어/개념이 있어야 존재할 수 있으니까요. 한글은 이러한 언어의 대립성을 잘 보여주는 언어입니다.

예를 들어 'ㅏ'와 'ㅓ', 'ㅗ'와 'ㅜ', 'ㄱ'과 'ㄴ'은 직관적으로 서로 반대된다는 사실을 알 수 있습니다. 그런데 'ㅏ'와 'ㅓ'를 동시에 발음할 수 있나요? 없습니다. 'ㄱ'과 'ㄴ'은 동시에 발음할 수 있나요? 없습니다. 이처럼 인간의 말은 서로 반대되는 것의 동시성을 표현할 수 없습니다. 그것을 표현하려면 "나는 너를 사랑해"와 "나는 너를 사랑하지 않아"를 동시에 말해야 합니다. 그런데 이는 불가능하죠? 네, 따라서 글은 말을 다 전달하지 못하고 말은 뜻을 다 전달할 수 없습니다.

"나는 너를 사랑해"라고 말했으니, 사랑한다는 내 뜻은 다 전달한 것 아니냐고 할 수도 있습니다. 그런데 그 사랑이라는 개념은 '사랑하지 않아'라는 개념이 있어야 출현할 수 있습니다. 이 두 상반된 상태를 동시에 표현할 수는 없다는 거죠. 동시에 표현할 수는 없지만 번갈아 표현할 수는 있습니다. 그리고 실제로 한 대상에 대한 사랑과 사랑하지 않음, 미움은 번갈아 출현하죠.

인터넷에서 본 유명한 짤 중에 고양이들의 모습으로 보여준 사랑에 관한 짤이 있더군요. 연애 일 년 차라고 적힌 카피 아래 고양이 둘이 서로 물고 빨고 난리입니다. 연애 십 년 차가 되니까, 한 고양이가 다른 고양이와 붙어있다가 발로 걸어찹니다. 이혼 단계가 되니까 계속 쉬지도 않고 서로 주먹질하면서 싸웁니다. 이처럼 사랑은 사랑하지 않음 혹은 미움으로 변화합니다. 처음에는 사랑했다가 그다음에 사랑하지 않음으로 바뀌었다가 마지막에 미움으로 바뀝니다. 이처럼 사건의 변화는 단계를 거칩니다.

주역 64괘의 순서는 이 단계를 의미합니다. 8괘를 중첩해서 64괘를 만듭니다. 8괘에서 서로 반대되는 괘가 짝을 이룬 것처럼 64괘도 서로 반대되는 괘가 짝을 이룹니다. 아래 64괘를 다시 한번 봅시다. 괘 앞의 숫자는 괘의 순서를 의미합니다.

건괘가 곤괘가 되려면 건의 양효를 곤의 음효로 바꾸면 됩니다. 이처럼 양효는 음효로, 음효는 양효로 바꾸면 상대방이 되는 괘의 짝은 1. 건☰ – 2. 곤☷, 27. 이☲ – 28. 대과☳, 29. 감☵ – 30. 리☲, 61. 중부☴ – 62. 소과☶로 여덟 괘가 있습니다.

1. 건乾	2. 곤坤	3. 준屯	4. 몽蒙
☰	☷	䷂	䷃
5. 수需	6. 송訟	7. 사師	8. 비比
䷄	䷅	䷆	䷇
9. 소축小畜	10. 리履	11. 태泰	12. 비否
䷈	䷉	䷊	䷋
13. 동인同人	14. 대유大有	15. 겸謙	16. 예豫
䷌	䷍	䷎	䷏
17. 수隨	18. 고蠱	19. 임臨	20. 관觀
䷐	䷑	䷒	䷓
21. 서합噬嗑	22. 비賁	23. 박剝	24. 복復
䷔	䷕	䷖	䷗
25. 무망无妄	26. 대축大畜	27. 이頤	28. 대과大過
䷘	䷙	䷚	䷛
29. 감坎	30. 리離	31. 함咸	32. 항恆
䷜	䷝	䷞	䷟
33. 둔遯	34. 대장大壯	35. 진晉	36. 명이明夷
䷠	䷡	䷢	䷣
37. 가인家人	38. 규睽	39. 건蹇	40. 해解
䷤	䷥	䷦	䷧
41. 손損	42. 익益	43. 쾌夬	44. 구姤
䷨	䷩	䷪	䷫

스스로 읽고 이해할 수 있는 주역 공부

45. 췌萃	46. 승升	47. 곤困	48. 정井
䷬	䷭	䷮	䷯
49. 혁革	50. 정鼎	51. 진震	52. 간艮
䷰	䷱	䷲	䷳
53. 점漸	54. 귀매歸妹	55. 풍豐	56. 여旅
䷴	䷵	䷶	䷷
57. 손巽	58. 태兌	59. 환渙	60. 절節
䷸	䷹	䷺	䷻
61. 중부中孚	62. 소과小過	63. 기제旣濟	64. 미제未濟
䷼	䷽	䷾	䷿

　나머지 56개의 괘들은 모두 위아래로 뒤집으면 상대방 괘가 됩니다. 예를 들어 세 번째 준䷂과 네 번째 몽䷃은 위아래를 뒤집으면 상대방 괘가 됩니다. 그런데 왜 이런 두 가지 방식으로 각 괘가 짝을 이루었을까요? 양효와 음효는 서로 반대되는 것입니다. 그러므로 양효는 음효로, 음효는 양효로 바꾸어서 상대방 괘를 만드는 것이 맞습니다. 예를 들어 준괘䷂와 짝을 이루는 괘는 몽괘䷃가 아니라 쉰 번째 괘인 정괘䷱여야 합니다.

　그렇다면 무엇 때문에 건곤 등 네 개의 짝을 제외한 나머지 괘의 짝들은 서로 뒤집는 관계로 짝을 맺었을까요? 이는 64괘로 세계의 생성소멸을 설명하기 위해서였던 것으로 보입니다. 그 생성소멸을 괘명으로 설명하기 위해서 지금 같은 순서로 배치한 것이죠. 64괘의 순서에 대해 설명하고 있는 〈서괘전〉에서는 다음과 같이 말하고 있습니다.

천지가 있은 연후에 만물이 생겨난다. 천지 사이에 가득 차 있는 것은 오직 만물이니, 그러므로 준괘로 받는다. 준은 가득 차 있다는 것이다. 준은 사물이 처음 생겨나는 것이다. 사물이 생겨나면 반드시 어리니, 그러므로 몽괘로 받는다. 몽은 어리다는 것이니, 사물이 어린 것이다. 사물이 어리면 기르지 않을 수 없으니, 그러므로 수괘로 받는다. 수는 음식의 도이다. 음식에는 반드시 송사가 있게 되니, 그러므로 송괘로 받는다. 송사에는 반드시 무리의 일어남이 있으니, 그러므로 사괘로 받는다. 사는 무리이다. 무리에는 반드시 친근한 바가 있으니, 그러므로 비괘가 받는다. 비는 친근하다는 것이다. 친근하면 반드시 축적하는 바가 있으니, 그러므로 소축괘로 받는다. 사물이 축적된 연후에 예가 있으니, 그러므로 이괘로 받는다(이는 예이다). 예를 하여 형통한 연후에 편안하니, 그러므로 태괘로 받는다. 태는 형통하다는 것이다. 사물은 끝까지 형통할 수 없으니, 그러므로 비괘로 받는다. 사물은 끝까지 막힐 수 없으니(비는 막힘이다), 그러므로 동인괘로 받는다. 사람과 함께 하면 사물은 반드시 돌아올 것이니, 그러므로 대유괘로 받는다. 가진 것이 큰 것은 가득 찰 수 없으니, 그러므로 겸괘로 받는다. 가진 것이 크면서 겸허할 수 있으면 반드시 즐거우니, 그러므로 예괘로 받는다. 즐거우면 반드시 따르는 사람이 있

스스로 읽고 이해할 수 있는 주역 공부

으니, 그러므로 수괘로 받는다. 기쁨으로 남을 따르는 사람은 반드시 일을 처리하니, 그러므로 고괘로 받는다. 기쁨으로 남을 따르는 사람은 반드시 일을 처리하니, 그러므로 고괘로 받는다. 고는 일이다. 일을 처리한 이후에 클 수 있으니, 그러므로 임괘로 받는다. 임은 크다는 것이다. 사물은 큰 연후에 볼 수 있으니, 그러므로 관괘로 받는다. 볼 수 있는 이후에 합하는 바가 있으니, 그러므로 서합괘로 받는다. 합은 합한다는 것이다. 사물은 아무렇게나 합할 수 없을 뿐이니, 그러므로 비괘로 받는다. 비는 꾸민다는 것이다. 꾸밈을 다한 연후에 아름다움은 다하니, 그러므로 박괘로 받는다. 박은 떨어진다는 것이다. 사물은 끝까지 떨어질 수 없고, 위가 궁하면 아래로 돌아가니, 그러므로 복괘로 받는다. 돌아오면 망령되지 않으니, 그러므로 무망괘로 받는다. 망령됨이 없는 것이 있은 연후에 축적할 수 있으니, 그러므로 대축괘로 받는다. 재물이 축적된 연후에 기를 수 있으니, 그러므로 이괘로 받는다. 이는 기른다는 것이다. 기르지 않으면 움직일 수 없으니, 그러므로 대과괘로 받는다. 사물은 끝까지 그릇될 수 없으니, 그러므로 감괘로 받는다. 감은 구덩이이다. 구덩이에는 반드시 붙는 곳이 있으니, 그러므로 리괘로 받는다. 리는 붙는다는 것이다. 천지가 있은 연후에 만물이 있고, 만물이 있은 연후에 남녀가 있고, 남녀가 있은 연후에 부부가 있고, 부부가 있은 연후에 부자가 있고, 부자가 있은 연후에 군신이 있고, 군신이 있은 연후에 상하가 있고, 상하가 있은 연후에 예의가 베푸는 바가 있다. 부부의 도는 오래 가지 않을 수 없으니, 그러므로 항괘로 받는다. 항은 항구하다는 것이다. 사물은 오래 그 자리에 머물수 없으니, 그러므로 둔괘로 받는다. 둔은 물러난다는 것이다. 사물은 끝까지 물러날 수 없으니, 그러므로 대장괘로 받는다. 사물은 끝까지 건장할 수 없으니, 그러므로 진괘로 받는다. 진은 나아가는 것이다. 나아가는 것은 반드시 다치는 바가 있으니, 그러므로 명이괘로 받는다. 이는 다친다는 것이다. 밖에서 다친 사람은 반드시 제 집으로 돌아오니, 그러므로 가인괘로 받는다. 가도가 궁하면 반드시 어긋나니, 그러므로 규괘로 받는다. 규는 어긋난다는 것이다. 어긋나는 것은 반드시 어려움이 있으니, 그러므로 건괘로 받는다. 건은 어렵다는 것이다. 사물은 끝까지 어려울 수 없으니, 그러므로 해괘로 받는다. 해는 푼다는 것이다. 풀은 것은 반드시 잃는 바가 있으니, 그러므로 손괘로 받는다. 잃는 것이 멈추지 않으면 반드시 더하니, 그러므로 익괘로 받는다. 더하는 것이 멈추지 않으면 반드시 터지니, 그러므로 쾌괘로 받는다. 쾌는 터진다는 것이다. 터지는 것은 반드시 만나는 바가 있으니, 그러므로 구괘로 받는다. 구는 만난다는 것이다. 사물은 서로 만난 이후에 모이게 되니, 그러므로 췌괘로 받는다. 췌는 모인다는 것이다. 모여서 위로 올라가는 것을 승이라고 하니, 그러므로 승괘로 받는다. 위에서 곤란한 것은 반드시 아래로 돌아오니, 그러므로 정괘로 받는다. 우물의 도는 바꾸지 않을 수 없으니, 그러므로 혁괘로 받는다. 사물을 바꾸는 것은 솥만한 것이 없으니, 그러므로 정괘로 받는

스스로 읽고 이해할 수 있는 주역 공부

다. 나라의 주인은 맏아들만한 것이 없으니, 그러므로 진괘로 받는다. 진은 움직인다는 것이다. 사물은 끝까지 움직일 수 없으니, 그러므로 간괘로 받는다. 간은 멈춘다는 것이다. 사물은 끝까지 멈출 수 없으니, 그러므로 점괘로 받는다. 점은 나아간다는 것이다. 나아가는 것은 반드시 돌아가는 바가 있으니, 그러므로 귀매괘로 받는다. 돌아가는 바를 얻은 자는 반드시 크니, 그러므로 풍괘로 받는다. 풍은 크다는 것이다. 큰 것은 다한 것은 반드시 그 있는 곳을 잃으니, 그러므로 여괘로 받는다. 나그네는 몸을 둘 곳이 없으니, 그러므로 손괘로 받는다. 손은 들어간다는 것이다. 들어간 이후에 기뻐하니, 그러므로 태괘로 받는다. 태는 기뻐한다는 것이다. 기뻐한 이후에 흩어지니, 그러므로 환괘로 받는다. 환은 떨어진다는 것이다. 사물은 끝까지 떨어질 수 없으니, 그러므로 절괘로 받는다. 절도가 있으면 믿으니, 그러므로 중부괘로 받는다. 믿음이 있는 사람은 반드시 행하니, 그러므로 소과괘로 받는다. 만물이 지나침은 반드시 이루어졌다는 뜻이므로 기제괘로 받는다. 사물은 궁해질 수 없으니, 그러므로 미제괘로 받아서 끝난다.

《주역》〈서괘전〉

이 글은 〈서괘전〉으로 《주역》을 구성하는 열 개의 전 중 하나입니다. 《주역》은 하나의 경과 열 개의 전으로 이루어져 있다고 앞에서 말씀드렸죠? 서序는 순서를 의미하며, 〈서괘전〉은 64괘의 순서에 관해 설명합니다.

〈서괘전〉을 읽어보면 건곤을 제외한 나머지 괘들은 괘명으로 배치 이유를 설명하고 있다는 것을 알 수 있습니다. 괘명은 괘효사에 자주 나오는 단어를 붙이거나 괘가 설명하는 주제로 지었습니다. 예를 들어 관괘에는 관觀이 자주 나옵니다.

---

20. 풍지관 風地觀 ䷓

관觀. 제사를 올리며 술을 땅에 뿌렸으나 제물을 올리지 않았으니, 큰 포로가 있어 제물로 올린다.

초육. 어린이가 본다. 소인은 재앙이 없으나 군자는 애석해 한다(동관童觀, 소인무구小人无咎, 군자린君子吝).

육이. 여자가 규방에서 본다. 여자가 점에 묻는 일은 이롭다(규관闚觀, 이여정利女貞).

육삼. 나의 삶을 뒤돌아본다. 나아가고 물러난다(관아생觀我生, 진퇴進退).

육사. 그 나라의 빛을 살피고 왕의 빈객이 되니 이롭다(관국지광觀國之光, 이용빈우왕利用賓于王).

구오. 나의 삶을 뒤돌아본다. 군자는 재앙이 없다(관아생觀我生, 군자무구君子无咎).

상구. 그 삶을 본다. 군자는 재앙이 없다(관기생觀其生, 군자무구君子无咎).

한문 원문을 보시면 모든 효사에 관觀이 있습니다. 육사 효사를 보면 '관국지광觀國之光'이라는 단어가 보이죠. 우리가 사용하는 관광觀光이라는 단어는 관국지광에서 가져온 것입니다. 아래 곤괘의 곤困은 '곤란' '곤경'을 뜻합니다.

47.　　　　　　**택수곤 澤水困**　　　　　☷☱

곤困. 형통하다. 대인이 묻는 점은 길하여 허물이 없다. 죄가 있어도 분명히 말하지 않는다.

초육. 볼기에 곤장을 맞고 감옥에 들어가 삼 년을 보지 못하니, 흉하다.

구이. 술과 음식을 배부르게 먹고 있는데, 주황색 앞가리개가 왔다. 제사를 지내면 이로우나, 정벌하면 흉하다. 재앙이 없다.

육삼. 돌에 묶여있다가 감옥에 갇혔다. 풀려나 집으로 돌아가니 아내를 볼 수 없어, 흉하다.

구사. 오는 것이 더딘 것은, 금수레에게 시달리고 있기 때문이니, 어려우나 끝이 있다.

구오. 코가 잘리고 발이 잘리니, 대부에게 시달리고 있으나 서서히 벗어난다. 제사를 지내면 이롭다.

상육. 칡덩굴과 나무말뚝이 둘러싸고 있는 감옥에 갇혔는데, 움직이면 후회하고 또 후회한다. 정벌하면 길하다.

　곤괘의 괘효사를 보면 전부 감옥에 있거나 코가 잘리는 등의 재앙이 일어납니다. 이처럼 곤란한 일들로 괘효사가 이루어져 있으므로 '곤'자를 가지고 괘명을 지었습니다.

　〈서괘전〉을 보면 첫 번째 괘인 건괘와 두 번째 괘인 곤괘에 대해서는 언급이 없습니다만, 처음에 "천지가 있은 연후에"라고 시작합니다. 건의 상징은 하늘, 곤의 상징은 땅이라고 말씀드렸죠? '천지가 있은 연후에'에서 천지는 건과 곤을 의미합니다. 건곤 다음에는 준괘가 등장합니다. 준은 '가득 참'의 의미입니다. 천지가 생겨나면 곧 온 천지에 만물이 가득 차니 '가득 참'을 의미하는 준을 건곤 다음에 배치한 겁니다. 가득 차 있는 만물은 이제 막 생겨난 겁니다. 이제 막 생겨났으니 어리바리하겠죠. 그래서 준괘 다음에 '어리다'는 뜻을 지닌 몽을 배치했습니다.

　이런 방식으로 계속 64괘가 차례차례 나타나는 순서를 설명하는 게 〈서괘전〉입니다. 그 뒤에 괘들의 배치 이유에 대해서는 〈서괘전〉을 읽어보면 알 수 있으니 별도로 설명하지는 않겠습니다.

　〈서괘전〉의 마지막에는 예순세 번째 괘인 기제괘와 예순네 번째 괘인 미제괘에 대해 설명하고 있습니다. 기제旣濟는 '이미 건넜다'는 뜻입니다. 아래 기제괘의 괘효사를 보시죠.

기제既濟. 형통하다. 점에 묻는 일은 조금 이롭다. 처음은 길하나 끝은 어지럽다.

초구. 수레바퀴를 끌며 그 뒤를 적시나, 재앙이 없다.
육이. 부인이 큰 수건을 잃었으나, 찾지 않아도 칠 일이면 얻는다.
구삼. 고종이 귀방을 정벌하는데 삼 년 만에 이겼다. 소인은 소용이 없다.
육사. 겨울 저고리가 물에 젖으니, 종일 조심해야 한다.
구오. 동쪽 이웃에서 소를 잡아 성대하게 제사를 지내는 것이, 서쪽 이웃의 간소한 제사만 못 하니, 실제 그 복을 받는다.
상육. 머리를 적시니, 위태롭다.

　기제괘의 괘효사를 보면 '적시다'라는 단어가 자주 나옵니다. '적시다'는 강을 건너다 머리나 옷을 적시는 것을 의미합니다. 기제는 '이미 건넜다'라는 뜻으로, 일이 이루어졌음을 의미합니다. 즉 건곤에서 시작된 세계의 생성이 궁극에 달하여 이루어진 것입니다. 궁극에 달하면 어떻게 된다고 했죠? 네, 변한다고 했죠. 그래서 마지막 예순네 번째 괘에는 미제괘가 배치되어 있는 것입니다. 미제未濟는 '아직 안 건넜다'는 뜻으로, 일이 아직 끝나지 않았음을 의미합니다. 미제괘의 괘효사를 보시죠.

64.　　　　　　　**화수미제 火水未濟**　　　　　　　☰☵

미제未濟. 형통하다. 작은 여우가 물을 거의 건너다가 꼬리를 적시니 이로울 것 없다.

초육. 뒤를 적시니, 어렵다.

구이. 수레를 끌며 물을 건너니, 점에 묻는 일은 길하다.

육삼. 건널 수 없으니, 정벌하면 흉하다. 큰 강을 건너면 이롭다.

구사. 점에 묻는 일은 길하며 후회가 없다. 진이 귀방을 정벌하는 데 삼 년이 걸렸다. 대국에 상을 받는다.

육오. 점에 묻는 일은 길하며 후회가 없다. 군자의 영광은 포로를 사로잡은 것이니, 길하다.

상구. 포로를 잡아 술을 마시니, 재앙이 없다. 그 머리를 적시니, 포로를 잡았지만 올바름을 잃었다.

〈서괘전〉에서 효사는 의미가 없습니다. 오로지 괘명만을 가지고 이야기합니다. 기제괘에서는 다 끝났다고 이야기했는데, 실상은 끝난 게 아직 끝난 게 아니었습니다. 미제괘가 마지막에 있다는 것은 끝난 것이 아니라는 거죠. 안 끝났으니 어떻게 되죠? 처음으로 돌아가 다시 시작합니다. 순환하는 거죠. 그래서 64괘를 다음과 같은 원으로 배치하는 것이 《주역》의 사상을 가장 잘 표현한 것입니다.

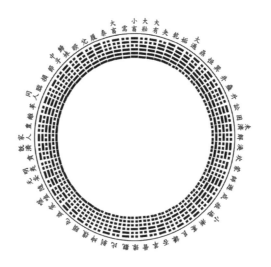

64괘 원도. 이 그림에서 괘는 64괘의 순서대로 배치되어 있지 않다. 건과 곤은 서로 정반대의 위치에 놓여있다. 이처럼 서로 반대되는 괘들이 원의 반대되는 위치에 놓여 있다.

《주역》에 관심 있으신 분들이라면 이 그림을 몇 번 보았을 겁니다. 이 그림은 64괘가 하나의 원을 이루도록 배치한 그림입니다. 64괘는 건곤에서 시작해서 기제와 미제에서 끝이 나지만 끝은 끝이 아니라 궁즉변해서 다시 시작합니다.

마치 끝없이 도는 원처럼 끝나지 않고 이 세계는 계속되는 것이죠. 물론 계속된다고 해서 지금의 세계가 영원한 것은 아닐 겁니다. 이 세계가 끝나긴 하는데 그것은 끝이 아니라 다른 세계의 시작이겠죠. 시작과 끝도 서로 반대되는 것입니다. 시작과 끝은 번갈아 등장하는 서로 반대되는 것입니다.

이 세계는 건곤이라는 반대되는 짝으로 시작해 기제미제라는 반대되는 짝으로 끝나고, 끝은 다시 시작이라는 반대되는 짝으로 이어지는 영원한 순환 구조를 지니고 있음을 64괘의 순서가 보여주고 있습니다. 64괘는 생성과 소멸, 흥성과 쇠망을 표상하는 기호 예순네 개로 이루어진 하나의 계界입니다.

스스로 읽고 이해할 수 있는 주역 공부

8장

《주역》은 미래를 예측할 수 있는가?

정약용은 1801년에 전라도 강진으로 유배를 떠났습니다. 유배형에 처해진 이유는 천주교를 믿었다는 것인데, 실상은 남인 세력을 제거하기 위해 혈안이 되어 있던 당시 집권 여당이었던 노론 세력에 의해 외진 곳으로 쫓겨나게 된 것입니다. 정약용은 정조가 키우던 남인의 차기 주자였으므로, 정약용이 학문적 관심으로 천주교를 접했고 이미 천주교와 결별했다고 주장했음에도 불구하고 유배를 보낸 것이지요.

정약용은 1801년부터 1818년까지 열여덟 해라는 기나긴 세월을 유배지에서 보냈습니다. 유배 갈 때 정약용의 나이는 마흔이었는데, 환갑을 앞에 두고서야 풀려날 수가 있었습니다. 강진에 도착한 정약용은 기독교와는 완전히 거리가 먼《주역》을 연구했습니다. 정약용은 1801년부터 칠 년 동안 《주역》연구에 매진하였는데, 당시 상황을 다음과 같이 묘사하였습니다.

옛날의 성현들은 우환이 있을 적마다 주역으로 처신하셨습니다. 내 오늘의 처지를 감히 옛날 성현들께서 당하셨던 바에 비교할 바는 아니지만, 그 위축되고 궁액을 만난 심정으로 말한다면 현자이건 못난 사람이건 간에 마찬가지일 것입니다. 칠 년 동안 떠돌이 생활에 문을 닫아걸고 칩거하노라니, 노비들도 나와 함께 서서 이야기하려 하지 않습니다.

… 드디어 춘추에 실려있는 주역점에 대해 곰곰이 생각해 보게 되었습니다. 장공 22년에 장경중이 제나라로 가게 될 것을 점친 것과 희공 15년에 진晉나라 헌공이 딸 백희를 진秦나라로 시집보내는 것을 점친 것에서 실마리를 찾아 이리저리 맞추어 보니, 바로 깨닫는 바가 있는 듯하다가도 도리어 황홀하고 어렴풋하여 도저히 그 문로門路를 찾을 수 없었습니다.

의심과 분한 생각이 마음속에 교차하면서 거의 음식까지 끊으려고 할 정도였습니다. 그리하여 보고 있던 모든 에서를 다 거두어 간직해 놓고 오로지 주역 책 하나만을 책상 위에 놓고 밤낮으로 마음을 온통 쏟아 음미하고 사색에 몰입하니, 대개 계해년(1803) 늦은 봄부터는 눈으로 보고 손으로 만지고 입으로 읊고 마음으로 생각하고 붓으로 쓰는 것에서부터 밥상을 대하고 뒷간에 가고 손가락을 퉁기고 배를 문지르는 것에 이르기까지 어느 것 하나도 주역이 아닌 것이 없었습니다.

《정본 여유당전서》〈윤외심尹畏心에게 보내는 편지〉

1803년부터는 자는 시간을 빼놓고 깨어있는 시간은 온통 《주역》을 생각하지 않는 시간이 없을 정도로 《주역》의 이치를 궁리하는 데 매진한 정약용은 《춘추좌전》에 실려있는 주역점 기록을 보고 1808년에 《주역》의 비밀을 풀 열쇠를 발견하게 됩니다.

지금 설괘전의 글과 변동의 방법을 취하여 384효의 효사에서 차분하게 찾아보면, 글자마다 부합하고 글귀마다 계합하여 다시 터럭만큼도 의심이 없고 통하지 않은 곳이 반점도 없게 될 것입니다. 뛰어난 선비들도 해결할 수 없어 문門만 바라보고서 달아나던 오묘한 말들이 파죽지세처럼 해결되지 않는 것이 없을 것입니다. 비교하자면, 마치 건장궁의 천문만호와 종묘의 아름다움과 백관百官의 풍부함이 모두 그 속에 있으니, 다만 그 자물쇠가 견고히 채워져 있고 경첩도 단단하게 붙어 있어 만 명의 사람이 문 앞에 이르더라도 감히 내부를 엿볼수 없었습니다. 그런데 갑자기 한 개의 열쇠를 손에 넣게 되어, 그것으로 외문을 열면 외문이 열리고 중문을 열면 중문이열리고, 고문皐門과 고문庫門을 열면 바깥문과 그 안쪽의 문이 열리고 응문과 치문을 열면 정문과 중문이 열립니다. 이렇게

천문만호가 모두 활짝 열려 해와 달이 비추고 바람과 구름이
피어올라 종묘의 아름다움과 백관의 풍부함이 밝게 드러나서
하나하나 손가락으로 가리킬 수 있을 정도이니, 천하에 이런
통쾌함이 어디 있겠습니까?

《정본 여유당전서》〈윤외심에게 보내는 편지〉

건장궁은 한나라 장안궁의 삼대궁 중의 하나인데, 둘레가
10킬로미터에 달할 정도로 엄청나게 커서 천문만호라고 불
렸습니다. 이처럼 거대한 궁궐의 모든 문을 단 한 개의 열쇠
로 모두 열 수 있으니 엄청난 황금열쇠를 손에 쥔 기분이었
을 것입니다. 기분이 얼마나 좋았으면 "천하에 이런 통쾌함
이 있을까요"라는 표현까지 썼을까 하는 생각이 듭니다. 삼
천여 년 동안 아무도 풀지 못한 《주역》의 비밀을 풀었다고
생각했으니 정약용은 하늘이라도 날아갈 듯한 기분이었을
것입니다.

《주역》의 비밀을 풀었다고 자신만만했던 정약용의 《주
역》 풀이법은 무엇일까요? 그것은 추이推移, 물상物象, 호체
互體, 효변爻變 이 네 가지입니다. 정약용은 이 네 가지 풀
이법을 사법四法이라 불렀고 이를 가지고 《주역》을 해설
한 《주역사전周易四箋》을 집필하였습니다. 그는 《주역사전》
을 "하늘의 도움으로 만들어낸 문자"라고 불렀습니다. 그는
〈두 자식에게 보내는 가문의 계율〉에서 다음과 같이 말했
습니다.

《주역사전》은 그야말로 내가 하늘의 도움을 받아 지은 문자이다. 사람의 힘으로 통할 수 있거나 사람의 생각으로 도달할 수 있는 바가 결코 아니다. 이 책에 마음을 가라앉혀 깊이 생각해서 그 속에 담긴 오묘한 이치를 모두 통할 수 있는 사람이 있다면 그는 바로 나의 자손이나 친구가 되는 것이니, 그런 사람이 천 년에 한 번 나오더라도 배 이상 정을 쏟아 애지중지할 것이다.

《정본 여유당전서》〈두 자식에게 보내는 가문의 계율〉

정약용은 오백 권이 넘는 자신의 저술 중에서 최고의 역작으로 《주역사전》과 《상례사전》의 두 권을 꼽았습니다. 심지어 "이 두 책을 전습해 갈 수만 있다면 나머지 책들은 다 없애 버려도 좋다"고까지 했습니다.

그런데 사실 정약용이 제시한 네 가지 해석법 중 호체, 물상, 추이는 정약용이 만든 독창적인 것이 아닙니다. 춘추전국시대나 한나라 때 사람들이 만든 것을 정약용은 더욱 정교하게 발전시켰을 뿐입니다. 나머지 한 가지인 효변은 정약용이 《춘추좌전》에 실려있는 주역점을 친 기록을 보고 연구하여 만든 것이라고 할 수 있습니다.

정약용이 본 《춘추좌전》은 춘추시대의 역사 기록으로, 이 책에는 스물두 번의 주역점을 친 기록이 남아있습니다. 춘추시대는 고대 중국의 주나라가 이민족의 공격으로 수도를 호경에서 동쪽의 낙양으로 천도한 기원전 770년부터 기원전

403년까지를 일컫습니다. 주나라 때는 은나라 때만큼 '점치지 않는 일이 없다'라고 하는 무사부점의 시대는 아니었지만, 그래도 중요한 일을 행하기 전에는 점을 쳤습니다. 그로부터 수천여 년이 지났지만 지금도 사람들은 점을 많이 칩니다.

이처럼 점을 많이 치는데, 과연 점은 미래를 예측할 수 있을까요? 점이 만들어진 초기에는 점의 미래예측률이 높았을까요? 《춘추좌전》에 기록되어 있는 내용들을 살펴보면 알 수 있습니다. 먼저 정약용이 편지 속에서 언급한 기록을 살펴보시죠.

진陣나라 여공厲公이 경중을 낳았다. … 경중이 어렸을 때 주나라의 점치는 관리가 주역으로 점을 쳐주겠다고 진나라 제후를 만났다. 진의 제후가 그에게 점을 치게 하니 관觀괘가 비否괘로 변하는 것을 얻었다.

그가 말하기를 "이것은 '나라의 빛을 살피고, 왕의 빈객이 되니 이롭다(관괘의 육사 효사이다)'는 말입니다. 이 사람은 진나라 제후를 대신해서 나라를 보존할 것입니다. 그런데 이 나라 안에서가 아니라 다른 나라에서 그렇게 할 것입니다. 그 자신이 아니라 그의 자손이 그렇게 할 것입니다. 빛이라는 것은 멀리 다른 곳에서 빛나는 것입니다. 곤은 땅입니다. 손은 바람입니다. 건은 하늘입니다. 바람이 하늘로 변하여 땅 위에 있으니 산입니다. 산에는 재목이 있고 하늘의 빛이 그것을 비추니 땅

스스로 읽고 이해할 수 있는 주역 공부

위에 있으므로 '나라의 찬란함을 살피고, 왕의 빈객이 되니 이롭다'라고 하였습니다. 제후가 천자를 알현하러 가 뜰 안에 바칠 백 가지 제물을 늘어놓고 옥백을 바치어 천지간의 아름다움을 다 구비하였으므로 '왕의 빈객이 되니 이롭다'라고 하였습니다. 나라의 훌륭함을 볼 수 있으므로 자신이 아니라 후손이 그렇게 할 것이요, 바람이 불어 땅에 닿으므로 이 나라 안에서가 아니라 다른 나라에서 그렇게 할 것이라는 뜻입니다. 만약 다른 나라에서라면 반드시 강姜씨 성의 나라(제나라)에서일 것입니다. 강은 대악의 후손이니 산악은 하늘과 짝할 것입니다. 만물은 이 두 가지보다 클 수는 없는 것이니 진나라가 쇠퇴하면 경중의 자손이 창성할 것입니다"라고 하였다.

과연 진나라가 처음 망하기 시작했을 때 경중의 5세손인 진환자가 비로소 제나라에서 강대해졌고, 그 뒤 진나라가 망했을 때 경중의 8세손인 성자가 비로소 제나라의 정권을 얻게 되었다.

《춘추좌전》 장공 22년(기원전 672년)

기원전 672년, 주나라의 점관은 진나라 여공의 자손인 장 경중의 미래에 대해 주역점을 쳤습니다. 일단 점이 맞았냐, 안 맞았느냐로 보자면 주나라의 점관이 풀이한 대로 장경중의 8대 후손이 제나라의 정권을 잡았으니 점이 맞았습니다. 그것도 정확하게 점관이 예측한 대로 진나라가 아닌 제나라에서 그리되었으니, 매우 훌륭하고 탁월한 점관이죠.

주나라 점관이 점을 쳐서 관괘가 비괘로 변하는 것을 얻었다고 하였죠?

→

관觀   비否

관괘가 비괘로 변하려면 관괘 네 번째 효인 육사가 양효로 변해야 합니다. 이것이 정약용이 말한 효변爻變입니다. 효변은 효가 변했다는 뜻이지요. 효는 양효와 음효, 두 개밖에 없으니 양효가 변하면 음효, 음효가 변하면 양효가 되지요. 관괘의 육사효가 변하여 양효가 되면 위의 괘상에서처럼 괘가 변하여 비괘가 됩니다. 즉 효가 변하면 괘도 변합니다.

주나라 점관의 점풀이법을 보면 두 가지 방식이 등장합니다. 하나는 효사로 풀이하고, 또 하나는 8괘의 괘상으로 풀이하였습니다. 글에 등장하는 '그 나라의 빛을 살피고 왕의 빈객이 되니 이롭다'는 관괘 육사 효사입니다. '곤은 땅입니다. 손은 바람입니다. 건은 하늘입니다. 바람이 하늘로 변하여 땅 위에 있으니 산입니다'는 관괘와 비괘를 구성하는 8괘의 상징을 가리킵니다. 관괘와 비괘를 구성하는 8괘는 다음과 같습니다.

	윗괘	아랫괘
관 ䷓	손 ☴(바람)	곤 ☷(땅)
		+
비 ䷖	건 ☰(하늘)	곤 ☷(땅)

점관이 말한 '바람이 하늘로 변했다'는 관괘의 윗괘인 손괘가 변하여 비괘의 윗괘인 건괘가 되었음을 가리킵니다. 점관은 바람이 하늘로 변하여 비괘의 아랫괘인 곤괘의 위에 있으니 산이라고 해석하였습니다. 산은 간괘☶의 상징인데, 여기는 간괘가 없죠. 없는데도 점관은 바람이 하늘로 변하여 땅 위에 있으니 이것이 산이라는 새로운 해석을 제시하였습니다. 이처럼 괘의 상징은 점의 해석을 통해 늘어나면서 이 세계의 어떤 것도 괘로 해석하지 못할 것이 없게 됩니다.

주나라의 점관이 뛰어난 것인지, 아니면 주역점법이 탁월한 것인지는 모르겠지만, 주나라 점관의 점은 미래를 예측했습니다. 그렇다면 정약용이 언급한 다른 기록에서는 어떨까요?

전에 진晉나라 헌공이 딸 백희를 진秦나라에 시집보내면서 점을 쳐보니, 귀매괘가 규괘로 변하는 것을 얻었다. 점치는 관리인 소蘇가 점을 치고 말하기를 "불길합니다. 괘효사에 '남자가 양을 칼로 찔렀으나 피가 나지 않고, 여자가 대바구니를

들었으나 얻을 것이 없다'라고 하였습니다. 서쪽의 이웃나라
(진秦나라를 가리킨다)가 책망을 하여도 대꾸할 수 없습니다. 귀
매괘가 규괘로 변한다는 것은 도와줄 사람이 없다는 것과 같
습니다. 진괘가 리괘로 변하는 것은 또한 리괘가 진괘로 변하
는 것과 마찬가지로, 우레가 되고 불이 되어 영嬴(진秦의 국성國
姓) 씨가 희姬(진晉의 국성) 씨를 쳐부수게 됩니다. 수레의 바퀴
가 빠지고 불이 군기를 태우며 군사들을 이끌고 나아감에 불
리하니 종구에서 패하게 됩니다. 귀매에 '나그네가 홀로 가는
데, 도적이 활을 당겨 쏜다'라고 하였는데, 조카가 고모에 의
지하고 육 년 후에 피하여 자기의 나라로 도망쳐 돌아가 그의
집을 버리고 다음 해에 고량의 언덕에서 죽을 것입니다"라고
하였다.

뒤에 진晉나라 혜공이 한원의 전투에서 포로가 되어 진秦에 붙
잡혀있게 되자 "선군(진나라 헌공을 가리킨다)께서 소의 점을
따랐다면 내가 여기까지 이르지 않았을 것이다!"라고 말하였
다. 그러자 한간이 옆에서 모시고 있다가 말하기를 "거북점
은 모양을 보고, 주역점은 수를 헤아립니다. 만물은 생긴 후
에 모양이 있고, 모양이 있은 후에 크고 많아지며, 크고 많아
진 후에 수가 있게 됩니다. 선군의 패덕은 어찌 다 헤아리겠습
니까? 소의 점을 그대로 따랐다 해도 무슨 보탬이 있었겠습니
까?"라고 하였다.

《춘추좌전》희공 15년(기원전 645년)

진나라 헌공이 딸 백희를 진秦나라에 시집보내는 것이 길한지 흉한지 알아보기 위해 점을 쳤는데, 귀매괘가 규괘로 변하는 것을 얻었습니다.

䷵　→　䷥

귀매歸妹　　　규睽

위 괘상을 보면 알 수 있는 것처럼, 귀매괘가 규괘로 변하려면 귀매괘의 상육효가 양효로 변해야 합니다. 나머지 자세한 점 풀이법은 설명하지 않겠습니다. 점관은 시집을 보내는 것이 불길하다고 풀이했습니다. 그런데 뒤에 헌공의 뒤를 이은 혜공이 한 말을 보면 점을 무시하고 백희를 시집보낸 것으로 보입니다. 그래서 혜공이 포로가 된 뒤 헌공이 점관의 말을 따라서 백희를 진나라에 시집 보내지 않았다면 자기가 포로가 되는 불행한 일은 일어나지 않았을 것이라고 원망하는 말을 합니다.

여기서 우리는 헌공이 점을 따르지 않았다는 사실을 알 수 있습니다. 고대 중국에서 점이 가지는 위력은 우리가 요즘 생각하는 것과는 다릅니다. 갑골의 경우, 복을 해석하는 권한을 지닌 사람은 유일하게 왕밖에 없었습니다. 왕이 길하다고 해석하면 길한 것입니다. 왕의 해석을 따르지 않을 수 있을까요? 없습니다. 주역점이 갑골복을 제치고 주류가 된 주나라 때도 다르지 않았을 것입니다. 매사에 점을 쳤다는 것은 그만큼 점을 믿고 따른다는 뜻이죠. 그런데 진나라 헌공은 점의 결과를 따르지 않았습니다. 이처럼 점괘를 따르지 않는 경우는 다른 사례에서도 나타납니다.

제나라 당 땅에 한 관리가 있었다. 그의 아내는 동곽언의 누님이었고, 동곽언은 최무자의 가신이었다. 관리가 죽자 동곽언은 최무자가 탄 수레를 몰고 가 함께 조문을 하였다. 최무자가 죽은 관리의 아내 강씨를 보고 아름답다고 여겨 동곽언을 통하여 아내로 맞이하려고 하였다. 동곽언이 말하기를 "부부는 성을 달리합니다. 지금 군은 정공의 후손이고 신은 환공의 후손이니 동성이어서 안 됩니다"라고 하였다.

최무자가 주역점을 쳐보니 곤困괘가 대과大過괘로 변하는 것을 얻었다. 점치는 관리들은 모두 "길하다"고 하였다. 진문자에게 보여주니 그는 "남편은 바람을 따르고 바람은 아내를 떨어뜨리니, 아내로 맞이할 수 없습니다. 또 효사에 '돌에 걸려 넘어지고 가시나무에 의지하여, 집에 들어가도 아내를 보지 못하니, 흉하다'고 하였습니다. '돌에 걸려 넘어진다' 함은 앞으로 가도 건너지 못한다는 것입니다. '가시나무에 의지한다' 함은 의지하는 것에 다치게 된다는 것입니다. '집에 들어가도 아내를 보지 못하니, 흉하다' 함은 돌아갈 곳이 없다는 것입니다"라고 하였다. 최무자는 "과부인데 무슨 해가 있겠는가? 그런 액운은 죽은 남편이 당했다"라고 말하고, 그 여자를 아내로 맞이하였다.

《춘추좌전》 양공 25년(기원전 548년)

스스로 읽고 이해할 수 있는 주역 공부

최무자가 주역점을 쳐서 곤괘가 대과괘로 변하는 것을 얻었다고 하였습니다.

곤困 → 대과大過

곤괘가 대과괘로 변하려면 곤괘 세 번째 효인 육삼이 양효로 변해야 합니다. 곤괘의 육삼효가 변하면 괘상이 변하여 곤괘가 대과괘가 됩니다. 이때 점풀이는 곤괘 육삼 효사로 합니다. 곤괘 육삼 효사는 "돌에 걸려 넘어지고 가시나무에 의지하여, 집에 들어가도 아내를 보지 못하니, 흉하다"입니다. 내용을 보니 모두 흉한 내용 일색입니다. 그런데 점관들은 길하다고 했습니다. 그 까닭에 대해서는 나오지 않지만, 아마도 점관들은 육삼 효사가 아닌 곤괘의 괘상으로 점을 풀이한 것으로 보입니다.

곤괘의 아랫괘는 감☵이고, 윗괘는 태☱입니다. 감괘의 괘상은 양으로 남자를 상징하고, 태괘의 괘상은 음으로 여자를 상징합니다. 곤괘는 남자와 여자가 만나는 상이므로, 점관들은 이 괘상으로 점풀이를 해 그 여자를 맞이해도 된다는 뜻으로 해석한 것으로 보입니다.

반면에 진문자라는 사람은 두 가지 해석을 이용해 흉하다고 하였습니다. 남편은 바람을 따르고 바람은 아내를 떨어뜨린다는 말은 괘상으로 해석한 것입니다. "남편은 바람을 따른다"는 것은 곤괘의 아랫괘의 상징은 남자 즉 남편인데 이것이 대과괘의 아랫괘로 변한 것을 해석하였습니다. 대과 괘의 아랫괘는 손≡으로 그 상징은 바람입니다. "바람은 아내를 떨어뜨린다"고 한 것은 대과괘의 윗괘가 아내를 상징하므로 아랫괘의 상징인 바람이 아내를 떨어뜨리는 것으로 해석한 것입니다. 이에 대해 최무자는 진문자의 해석은 전 남편이 당한 것으로 보고 "과부인데 무슨 해가 있겠는가"라며 모든 진문자의 해석을 무시합니다.

진헌공과 최무자는 점괘를 무시했습니다. 진헌공이 점괘를 무시한 결과는 후대인 자신에게 나타났다고 혜공은 보았습니다. 최무자가 흉하다는 점괘를 무시하고 동곽언의 누님을 아내로 맞이한 결과는 어찌 되었는지 춘추좌전에 나와 있지는 않습니다. 어쨌든 기원전 600년과 500년대 사이 사람들이 점을 따르지 않기 시작했습니다.

아래 사례는 기원전 530년에 있었던 또 다른 사례입니다.

남괴가 반란을 일으키려고 하여 주역점을 쳐서 곤坤괘가 비比 괘로 변하는 것을 얻었다. 곤괘 육오의 효사는 "황색 치마가 크게 길하다"이니 그는 그것을 매우 길한 것이라고 생각하였다. 그래서 그 점괘를 자복혜백에게 보이고는 "내가 일을 도모하려고 하는데 어떻겠는가?" 하고 물었다.
그러자 자복혜백이 말했다. "나는 일찍이 주역을 공부하였다. 충신忠信스런 일은 들어주지만 그렇지 않은 일은 반드시 실패한다. 밖으로는 굳세고 안으로는 온화한 것이 충忠이고, 화평을 근본으로 하여 바름을 좇음이 신信이다. 그러므로 '황색 치마를 입었으니 크게 길하다'고 한 것이다. 황색은 가운데 색이요, 치마는 몸의 아래를 꾸미는 것이요, 원元은 선善의 으뜸이다. 가운데가 충하지 않으면 그 색을 얻지 못하고, 아랫사람이 공손하지 않으면 그 꾸밈을 얻지 못하고, 하는 일이 선하지 않으면 그 끝을 얻지 못한다. 밖과 안이 화평한 것이 충이고, 일을 신의로 따르는 것이 공손이며, 충忠, 신信, 공恭 세 가지 덕을 갖춘 것이 '선'이다. 이 세 가지 덕이 갖추어지지 않고는 '황색 치마가 크게 길하다'의 길함에 해당되지 않는다. 또 주역은 험한 일을 점치는 것은 불가하다. 그대는 장차 무슨 일을 도모하고자 하는가? 그대는 장차 또 무슨 일을 꾸밀 수 있겠는가? 가운데가 아름다워야 황색에 해당하고, 위가 아름다워야 원元에 해당하며, 아래가 아름다워야 치마에 해당된다. 이 세가지를 갖추어야 점괘와 같이 될 것이다. 만약 부족함이 있다면 비록 점이 길하다 해도 그렇게 이루어지지 않는다."

《춘추좌전》소공 12년(기원전 530년)

남괴는 노나라 계씨 가문의 후계자인 계평자로부터 예우를 받지 못하자 원한을 품고 숙중목자, 자중과 함께 계평자를 죽이고자 하였습니다. 남괴는 거사를 앞두고 주역점을 쳐서 곤괘☷☷가 비괘☶☷로 변하는 것을 얻었습니다. 곤괘가 비괘로 변하려면 곤괘 오효가 양효로 변해야 합니다.

곤坤 　→　 비比

　이 경우 곤괘 오효 효사로 점을 풀이합니다. 곤괘 오효 효사는 "황색 치마가 크게 길하다"로, 매우 길한 효사입니다. 점괘대로 하자면 남괴가 도모하고자 하는 일은 성공해야 합니다.

　여기서 남괴는 《주역》을 공부한 자복혜백에게 점괘를 보여주고 어떠냐고 물어봅니다. 자복혜백은 곤괘 구오 효사와 상징을 연계해서 풀이합니다. 먼저 황색에 관해서는 "황색은 가운데 색이다"라고 합니다. 이는 황색이 오색의 가운데 자리에 있는 것을 말한 것입니다. 오색은 적색, 청색, 황색, 백색, 흑색으로, 적색은 남쪽, 흑색은 북쪽, 청색은 동쪽, 백색은 서쪽을 상징하고, 황색은 동서남북의 가운데에 자리합니다.

　또 자복혜백은 "가운데가 충하지 않으면 그 색을 얻지 못한다"고 하였는데 이는 가운데의 한자인 중中과 충忠을 연계하여 해석한 것입니다. '충'은 중中과 심心으로 이루어져 있습니다. 글자 그대로 마음의 가운데에 있는 것이죠. 마음의 가운데에 있다는 것은 흔들리지 않는 마음을 의미합니다. 마음이 흔들려 이랬다저랬다 하는 사람은 충한 사람이라고 할 수는 없죠. 자복혜백은 이처럼 가운데라는 단어로 황색과 충을 연결해 충한 사람은 마음의 가운데를 지키는 사람이므로 황색에 해당하지만 그렇지 못한 사람은 그 색을 얻지 못한다고 하였습니다.

또 자복혜백은 "아랫사람이 공손하지 않으면 그 꾸밈을 얻지 못한다"고 하였습니다. 이는 치마와 사회적 지위를 연결해 해석을 확장한 것입니다. 치마는 몸의 아랫도리를 감싸는 옷입니다. 남괴는 계평자의 아랫사람입니다. 따라서 남괴가 아랫사람으로 윗사람을 공손히 따라야 치마의 아랫도리를 감싸는 옷인 치마의 꾸밈을 얻을 수 있습니다.

그리고 마지막으로 원元을 가지고 해석합니다. 자복혜백은 "원元은 선善의 으뜸"이라고 말합니다. 이 말은 현재 〈문언전〉에 실려 전하고 있는 글귀입니다. 〈문언전〉은 《주역》을 해설하는 일곱 개의 전 중 하나라고 앞에서 말씀드렸습니다. 원元이 선의 으뜸이라는 것은 가장 선한 것이 원이라는 뜻입니다. 자복혜백은 으뜸과 지위를 연결시켜 "위가 아름다워야 원元에 해당한다"고 해석합니다.

그리고 자복혜백은 "충忠, 신信, 공恭 세 가지 덕을 갖춘 것이 선善"이며, "하는 일이 선하지 않으면 그 끝을 얻지 못한다"고 말하였습니다. 따라서 남괴가 도모하고자 하는 일이 선하지 않으면 원하는 결과를 얻지 못할 것이라고 해석합니다. 자복혜백은 아무리 길한 점괘를 얻어도 일을 하는 자가 덕이 없고, 하고자 하는 일이 충신공에 어긋나면 길하지 않게 될 것이라고 해석하였습니다. 즉 여기서 핵심은 점이 아니라 인간의 덕입니다. 이처럼 점을 무시하는 단계를 넘어

서서 미래 예측에 있어 점술이 아닌 덕을 강조하는 해석이 등장합니다. 아래 목강의 일화 또한 덕이 점보다 더 인간사에 결정적 영향을 미친다는 것을 분명히 한 유명한 일화입니다.

목강穆姜이 동궁에서 죽었다. 목강이 처음 동궁으로 자리를 옮겨서는 주역점을 쳐 간艮괘 육이의 영수가 변하지 않는 팔八을 얻었다. 사관이 말하기를 "이것은 간괘가 수隨괘로 변한 것입니다. 수는 밖으로 나간다는 뜻이므로 빨리 동궁을 빠져 나가십시오"라고 하였다.

목강이 말하기를 "그럴 수 없다. 수괘는 주역에서 '수는 원형이정이니 재앙이 없다'고 하였다. 원元은 몸의 으뜸이요, 형亨은 아름다움이 모인 것이요, 이利는 의義의 조화요, 정貞은 모든 일의 근본이다. 인仁을 행하면 사람의 으뜸이 될 수 있고, 아름다운 덕은 예와 합할 수 있으며, 사물을 이롭게 하는 것은 의에 합할 수 있고, 바름을 굳게 지키는 것은 모든 일의 근본이 될 수 있다. 그러므로 속일 수 없는 것이다. 그래서 비록 수괘이지만 재앙이 없다고 한 것이다. 그런데 지금 나는 제후의 부인이면서 난에 가담한 데다, 본래 아랫자리에 있으면서도 인자하지 못하였으니 원元이라 이를 수 없고, 나라를 편안하게 하지 못하였으니 형亨이라 이를 수 없으며, 일을 도모하여 몸을 해쳤으니 이利라고 이를 수 없고, 제후 부인의 자리임을 생각하지 않고 음란하게 행동하였으니 정貞이라 이를 수가

스스로 읽고 이해할 수 있는 주역 공부

없다. 원래 이 네 가지 덕을 갖추어야 수괘를 얻더라도 재앙이 없는 것인데, 나는 네 가지 덕이 없는데 어찌 수괘가 내 운이 되겠는가? 나는 나쁜 짓을 했는데 어찌 허물이 없겠는가? 반드시 여기에서 죽을 것이니 나갈 수 없다"고 하였다.

《춘추좌전》양공 9년(기원전 564년)

목강은 노나라 선공의 부인이자 성공의 친어머니입니다. 기원전 575년, 목강과 그 정부인 숙손교여는 계문자와 맹헌자를 제거하려다 실패하였습니다. 성공은 차마 친어머니를 죽일 수 없어 목강을 동궁에 유폐시켰습니다. 유폐된 동궁에서 주역점을 쳤더니 간艮괘 육이의 영수가 변하지 않는 팔八이 나왔습니다. 간괘는 아래 왼쪽에 있는 괘입니다. 변하지 않는 팔이란 주역점을 쳐서 숫자 8이 나왔다는 것입니다.

주역점은 6과 8, 7과 9를 구하는 점법이라고 앞에서 설명했습니다. 6과 8은 짝수로서 음에 해당하며, 7과 9는 홀수로서 양에 해당합니다. 그리고 6과 9는 변함을, 7과 8은 변하지 않음을 의미합니다. 간괘 육이의 영수가 변하지 않는 팔八이 나왔다는 것은 육이만 변하지 않고 나머지 효는 전부 변한다는 뜻입니다. 간괘 육이만 제외하고 나머지 효는 전부 반대 효로 바꾸면 아래 오른쪽에 있는 수괘가 됩니다.

간艮 → 수隨

이 경우 수괘로 점을 풀이합니다. 점치는 관리인 사관은 수괘의 괘명을 가지고 점을 풀이했습니다. 수隨는 '따르다' '가다'는 뜻이므로 이를 확장하여 밖으로 나가는 것이 길하다고 점관은 해석했습니다. 그래서 동궁을 빠져나가면 살 수 있다고 해석합니다.

이에 반해 목강은 수괘의 괘사로 풀이합니다. 수괘의 괘사는 "원형이정元亨利貞, 재앙은 없다"입니다. 목강이 말한 수괘 괘사의 해석은 현재 〈문언전〉에 실려있습니다. 아래 〈문언전〉의 문장을 보시죠. 〈문언전〉은 별도의 전으로 구성되어 있지 않고, 건괘와 곤괘에만 달려있습니다. 목강이 말한 내용은 건괘 〈문언전〉에 적혀있습니다.

문언文言에서 말하기를 원元은 선善의 으뜸이요, 형亨은 아름다움이 모인 것이요, 이利는 의義의 조화요, 정貞은 일을 주관함이다. 군자는 인仁을 본받아서 사람을 기르며, 아름답게 모여 예에 합하며, 사물을 이롭게 하되 의에 조화되도록 하며, 바르고 굳게 일을 주관하니 군자가 이 네 덕을 행한다. 그러므로 말하기를 건괘를 원형이정이라 한다.

《주역》〈문언전〉

원형이정에 대해 목강이 한 말과 〈문언전〉에 전하는 글을 비교해 보시죠. 다음은 원형이정에 대한 목강의 해석입니다.

스스로 읽고 이해할 수 있는 주역 공부

원元은 몸의 으뜸이요, 형亨은 아름다움이 모인 것이요, 이利
는 의義의 조화요, 정貞은 모든 일의 근본이다. 인仁을 행하면
사람의 으뜸이 될 수 있고, 아름다운 덕은 예와 합할 수 있으
며, 사물을 이롭게 하는 것은 의에 합할 수 있고, 바름을 굳게
지키는 것은 모든 일의 근본이 될 수 있다.

원元에 대한 해석 중 한 글자가 다릅니다. 목강은 원을
'몸'의 으뜸이라 했는데, 〈문언전〉에서는 '선'의 으뜸이라 했
습니다. 앞서 자복혜백은 원을 선의 으뜸이라 했죠. 목강이
원을 몸의 으뜸이라 한 이유는 몸을 사람의 의미로 사용했
기 때문으로 보입니다. 목강은 원의 뜻인 으뜸의 의미를 확
장합니다. 원은 몸의 으뜸이니, 인을 행하면 사람의 으뜸이
될 수 있다고 말입니다. 형亨은 아름다움이 모인 것으로 해
석하고, 이를 예와 연계하여 그 의미를 확장합니다. 그리하
여 형은 예를 갖춤을 의미하는 글자로 그 의미가 확장되죠.
그다음 이利는 이익이죠. 그런데 '이'의 의미를 '개인의 이
익'이 아니라 '사물의 이익'으로 변형 및 확장하여 해석합니
다. 사물을 이롭게 함은 사물에게 이익이 되도록 한다는 뜻
이지요. 사물에게 이익이 되도록 함으로써 만물과 만물이,
만물과 사람이 의義에 조화되도록 할 수 있습니다. 의義는
'마땅히' '알맞다'는 뜻입니다. 이익이 한쪽으로 치우치지 않
고 사물을 이롭게 함으로써 사람에게도 이로움이 되니 의에
조화가 되는 것이지요.

마지막으로 원형이정의 정貞입니다. 목강은 정을 '바름을 굳게 지키는 것은 모든 일의 근본이 될 수 있다'로 해석했습니다. 〈문언전〉에서는 '바르고 굳게 일을 주관한다'로 해석했습니다. 즉 '정'자를 '바르고 굳건하다'로 해석합니다.

목강은 이처럼 원형이정을 덕으로 해석하고 난 뒤 자신의 행실을 돌아봅니다. 제후의 부인이면서 난에 가담하였고, 제후의 아랫자리에 있으면서 인자하지 못하였고, 난을 일으켜 나라를 편안하게 하지 못하였고, 음란하게 행동하였으니 바르다고 할 수 없다며 자신을 비판합니다. 그러므로 원형이정이라는 네 개의 덕에 부합하지 않았으므로 아무리 길한 괘를 얻었다 하더라도 그 괘의 길함이 자신의 것이 될 수 없다고 말합니다. 그리고 얼마 뒤 목강은 동궁에서 죽었습니다.

목강의 해석이 중요한 이유는 괘사인 '원형이정'을 인간의 윤리적 행위와 연관 지어 해석하였기 때문입니다. 덕德은 하늘에서 내려오거나 저절로 얻어지는 것이 아니라 인간 스스로의 노력에 의해서만 얻을 수 있습니다. 그래서 덕을 '득(得, 얻음)'이라 합니다. 덕은 장기간의 윤리적 행위를 통해서만 얻을 수 있는 인간 고유의 것이라 할 수 있습니다.

춘추시대에 행해진 몇 가지 주역점의 예에서 알 수 있듯이 점에 대한 해석이 변화하였다는 것을 알 수 있습니다. 왜 변했을까요? 만약 점이 100퍼센트 맞았다면 변했을까요? 안 변했겠죠. 주역점을 쳐서 얻은 괘에 대한 해석이 변한 그 근본적 이유는 점이 맞지 않기 때문입니다. 점이 미래를 예측

스스로 읽고 이해할 수 있는 주역 공부

할 수 없기 때문입니다.

앞에서 갑골복의 최종 해석 권한이 왕에게 있다고 설명해 드렸습니다. '비가 올까요?'라는 점문에 왕이 '길'이라고 해석하면 실제로 비가 내려야 왕의 권위가 섭니다. 만약 왕의 해석과 반대로 비가 오지 않으면 왕의 권위는 떨어질 수밖에 없습니다. 그런데 왕의 해석이 다 맞았을까요? 아래 갑골문을 보면 그렇지 않다는 사실을 알 수 있습니다.

> … 왕께서 조에 물으셨다. 말씀하셨다. '재앙이 오리라.' 갑일에 (재앙이) 오지 않았다.
>
> 《갑골문 합집》1,075편 앞면

위 문장은 갑골문에 새겨져 있는 문장 중 하나입니다. 기록을 보니 왕이 재앙이 올 것이라고 해석했는데, 재앙이 오지 않았다고 새겨져 있습니다. 왕의 해석이 틀렸다는 거죠. 왕의 해석이 빗나가게 되면 왕권의 권위에 손상을 가져오게 됩니다. 실제로 어떤 갑골문에는 왕의 해석이 빗나가자 조롱한 흔적이 남아있기도 합니다.

갑골복에 등장하는 삼복제나 정반대정과 같은 발전된 점법도 갑골복의 미래예측률을 높이기 위해 도입된 것으로 보입니다. 한 번 쳐서는 안 맞으니까 세 번 친거죠. 그래도 안 맞으니까 반대되는 질문으로 또 점을 치는 거죠. 그게 정반대정이죠. 그럼에도 불구하고 갑골복의 미래예측률은 높아지지 않았고, 그래서 주역점이 갑골복 대신 주류 점법이 됩니다. 그런데도《주역》의 미래예측률은 낮았습니다. 왜 낮았을까요?

《주역》은 64괘로 이루어져 있습니다. 8괘와 64괘가 미래를 완벽하게 예측할 수 있을까요? 주식 시장을 예로 들어 설명해 보겠습니다. 주식의 봉 차트를 처음 만든 사람은 이백여 년 전 일본 사까다 항에서 쌀 중개업을 하던 혼마 무네히사라는 사람입니다. 혼마는 봉 차트를 만들어 쌀 가격을 예측해서 큰돈을 벌었다고 합니다. 음봉, 양봉이라는 이름을 붙인 것으로 보아 혼마는《주역》의 원리를 미곡 시장에 이용했던 것으로 보입니다. 혼마는 이에 그치지 않고 3획괘와 비슷한 것들을 봉 차트에서 찾아내 쌀 가격 예측에 활용했습니다.

이 방식을 사까다 전법이라 부르는데 오늘날 주식 투자자들도 이용하고 있습니다. 사까다 전법에는 삼산三山 · 삼천三川 · 삼병三兵 · 삼공三空 · 삼법三法으로 다섯 가지가 있습니다. 사까다 전법은 아주 쉽습니다.

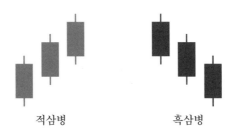

적삼병   흑삼병

적삼병과 흑삼병.

스스로 읽고 이해할 수 있는 주역 공부

가장 많이 쓰이는 것이 삼병입니다. 삼병은 양봉 또는 음봉이 연속해서 세 개 늘어선 것을 말합니다. 양봉이 세 개면 적삼병, 음봉이 세 개 나타난 경우에는 흑삼병이라고 합니다. 적삼병은 건괘, 흑삼병은 곤괘를 연상케 합니다. 아마도 혼마는 8괘를 가지고 미곡 시장을 분석하고 예측하고자 했던 것으로 보입니다.

분석법은 간단합니다. 주가 하락이 계속돼 저가권이 형성된 상태에서 적삼병이 나타나면 앞으로 주가가 올라갈 것으로 예상하고, 반대로 주가가 상승세를 지속하다가 고가권에서 흑삼병이 출현하면 주가가 떨어질 것을 예고한다고 해석합니다.

오른쪽 하단을 보면 적삼병과 흑삼병이 나란히 나타난 것을 볼 수 있다.

앞의 코스피 차트를 보면 오른쪽 하단에 적삼병과 흑삼병이 나란히 출현한 것이 보입니다. 사까다 전법에 따르면 하락권에서 적삼병이 출현한 다음에는 주가가 상승해야 하는데, 적삼병이 출현 후에 오히려 하락해서 흑삼병이 출현했습니다. 안 맞죠? 네, 이렇게 사까다 전법은 주가 예측에 실패했습니다.

혼마는 8괘와 같은 형태가 미곡 시장이나 주식 시장에도 나타나는 것으로 보고 이를 적용해 보았으나 삼산·삼천·삼병·삼공·삼법 외에는 더 찾을 수 없었습니다. 그나마 찾아낸 삼병과 같은 패턴들도 꼭 들어맞는 것은 아니었습니다.

8괘와 64괘와 같이 극도로 단순한 방식이 현실을 온전히 반영할 수는 없습니다. 예를 들어 주식 차트에는 음봉, 양봉 외에도 도지가 나타납니다. 도지どうじ는 일본어로 '같은 일'이라는 뜻입니다. 도지는 매수와 매도가 팽팽하게 힘의 균형을 이룰 때 나타납니다. 앞의 차트에서 왼쪽 상단에서 아홉 번째에 있는 봉이 도지입니다. 보시면 완벽한 십자 모양입니다. 저는 밤하늘에 십자 모양으로 떠 있는 별 같다고 해서 십자성이라고 부릅니다.

십자성은 매수와 매도가 팽팽하게 힘의 균형을 이룰 때 주가가 상승하지도 않고 하락하지도 않으면서 나타나는 현상입니다. 괘는 양효와 음효로만 이루어져 있기에 이런 현상을 표현하는 기호가 없습니다. 괘의 한계입니다.

8괘와 같은 3획괘는 똑같은 점을 세 번, 64괘와 같은 6획괘는 똑같은 점을 여섯 번 쳐서 만든 것에 불과합니다. 음효

　　　　　스스로 읽고 이해할 수 있는 주역 공부

와 양효의 두 가지 대립하는 기호만으로 만든 8괘와 64괘가 현실을 정확하게 모사할 수 없는 이유입니다.

주역점을 비롯한 그 어떤 점술도 미래를 예측할 수 없다는 사실은 고대 중국에서 수만 번, 수억 번 점을 쳐서 이미 결론이 난 겁니다. 고대 중국인들은 신석기시대 후반기부터 청동기시대를 거쳐, 철기시대 초기까지 수천여 년 동안 다양한 점을 수억 번 쳐 본 결과 점은 미래를 예측할 수 없다는 결론에 도달하게 되었고, 그 결과 점이 아니라 인간의 행위, 그것도 선한 행위, 덕을 강조하는 해석에 다다르게 되었습니다.

사실 점뿐 아니라 그 어떤 것도 미래를 예측할 수는 없습니다. 미국 주식에 투자하는 사람들이 많은데요. 2022년도 기사에 따르면 우리나라 사람들이 제일 많이 산 미국 주식 1위가 테슬라고, 3위 종목이 아이온큐라는 회사라고 합니다. 아이온큐 주식을 우리나라 사람들이 많이 산 이유 중 하나는 아이온큐 공동 창업자 중 한 명이 한국인이기 때문입니다. 이 사람 이름이 김정상인데요, 한국에도 방문했었습니다. 한국에 와서 한 강연에서 "양자컴퓨터가 십 년 뒤 애플 주가를 정확히 예측해 낼 것이다"라고 했습니다. 그런데 그의 말대로 애플 주가가 상승할지 하락할지 정확하게 맞히면 어떤 일이 일어날까요? 그리되면 사람들이 양자컴퓨터가 예측한 날짜보다 더 이른 날짜에 애플 주식을 사거나 팔려고 할 겁니다. 뭐, 당연한 거 아닙니까? 몇 월 며칠에 애플 주가가 오를 것이다, 라는 정보를 아는데 미리 샀다가 그때 팔아서 이익을 극대화하려고 하지 않겠어요? 매수가 몰리면 주가가 상승합니다. 그럼 양자컴퓨터가 예측한 날짜보다 더 빠르게 애플 주가가 상승할 것이고, 정말 양자컴퓨터가 예측한 날이 되면 주가가 하락할 겁니다. 이처럼 우리가 어떤 일이 미래에 이루어질지 미리 알면 그 일은 일어나지 않습니다.

어떤 이는 《주역》의 목적이 취길피흉取吉避凶이라고 합니다. 취길피흉은 '길은 취하고 흉은 피한다'는 뜻입니다. 내일 출근하다가 교통사고가 일어나서 다칠 것이라는 사실을 미리 안다면 출근 안 하겠죠? 그러면 사고가 일어나지 않게 됩니다. 즉 예언이 바뀌게 되고 나아가 미래가 바뀌게 됩니다. 이를 예언의 자기모순이라고 합니다. 자기모순이란 예언한 대로 사건이 일어나려면 우리가 미래에 어떤 일이 일어날 것이라는 사실을 미리 알아도 행동을 바꾸면 안 되는데, 행동을 바꾸어 예언이 실현되지 않으면서 일어납니다. 즉 예언의 실현 확률이 높을수록 그 예언이 실현되지 않기 때문에 이를 모순이라고 합니다. 애플 주가가 특정 날짜에 상승할 것을 알아도 그 전에 미리 매수하면 안 되는데 미리 매수해서 예언이 빗나가게 되는 것처럼 말입니다. 그런데 예언이 왜 빗나가죠? 미래가 현재에 의해 결정되기 때문입니다.

길은 취하고 흉은 피하는 주체는 결국 '나'입니다. 나의 미래는 현재의 내 행동에 의해 결정됩니다. 미래를 예측할 수 없는 이유는 바로 미래가 현재의 선택에 의해 결정되기 때문입니다. 이를 깨달은 고대 중국인들은 《주역》의 해석을 바꾸기 시작합니다. 점이 아닌 인간의 이성, 행위, 덕을 강조하는 것으로 말입니다.

기왕 말 나온 김에 점이 미래를 예측할 수 있느냐에 대해 한마디 더 하겠습니다. 점이 미래를 예측할 수 있냐 없냐는 이미 2000년 전 춘추시대에 끝난 얘기입니다. 목강의 사례에서 알 수 있는 것처럼 고대 중국인들은 그때부터 점을 믿지 않기 시작했습니다. 그래서 역사서에 보면 주역점을 친 기록들이 점차 없어집니다. 그런데도 여전히 《주역》으로 미래를 예측할 수 있다고 혹세무민(惑世誣民, 세상을 미혹하고 사람들을 속임)하는 사람들이 많습니다.

그중에는 《주역》의 대가라고 이름난 사람도 있고, 자칭 주역학자라고 하는 사람들도 있습니다. 심지어 대통령 선거 때도 그 이름이 언론에 오르내린 사람도 있습니다. 이런 사람들이 미래에 대해 예측한 것 중에 살펴보면 뭐 제대로 맞춘 게 거의 없습니다. 맞춘 게 아예 없지는 않은데, 그마저도 애매모호하게 말하면서 결국은 인간에게 달려있다, 이런 말로 끝납니다. 점은 미래를 알고 싶어 하는 인간의 원초적 욕망에서 비롯된 행위이므로, 사람이 점을 보는 것은 아마 인류 역사가 끝날 때까지 지속될 겁니다.

문제는 점술이 진짜 미래를 예측할 수 있는 것마냥 언론에서 과장해서 보도하고 또 사회에 영향력이 있는 지식인들이 그것을 발화하는 것에 있습니다. 한 사회의 담론 체계, 지식 체계에 점술이 있느냐 아니냐의 문제는 매우 중요한 문제입니다. 언제부터인가 사주라는 점술이 명리학이라는 이름으로 포장되더니 지금은 몇몇 대학에서 버젓이 명리학을 가르치고 있습니다. 개탄할 일입니다.

몇 년 전 한 음악평론가가 쓴 사주명리학 책이 베스트셀러가 된 뒤 명리학을 배우는 사람들이 많아졌습니다. 사주는 인간이 운명을 가지고 태어났다고 보는 것이 기본인데, 요즘에는《주역》을 가지고 운運, 운명을 말하는 사람들도 많아졌습니다.

운이란 과연 무엇일까요? 운을 사전에서는 '옮기다' '움직이다' '돌다'로 설명하고 있습니다. 운수, 운명할 때의 운은 '돌다'라는 뜻입니다. 돌고 도는 것이 운이죠. 근데 왜 돌고 도나요?《주역》에 운자가 나오나 찾아보니〈계사전〉에 "해와 달이 운행한다(일월운행日月運行)"라는 구절이 나옵니다. 해와 달이 운행한다는 것은 해가 뜨면 달이 숨고, 달이 뜨면 해가 숨는 것처럼 해와 달이 번갈아 나타나는 것을 말합니다. 운행이란 서로 반대되는 것이 번갈아 나타나는 현상을 가리킵니다. 번갈아 나타나는 것을 '돌고 돈다'라고 하고, 이것이 바로 운의 적확한 의미입니다. 그러므로 행복과 불행, 기쁨과 슬픔이 번갈아 나타나는 것이 운입니다.

그런데 이게 왜 번갈아 나타나지요? 이것들이 하나라고, 행복과 불행, 슬픔과 기쁨이 하나라서 번갈아 나타난다고

스스로 읽고 이해할 수 있는 주역 공부

설명했습니다. 그럼 어떻게 해야 하나요? 서로 반대되는 것이 돌고 도는 것이 운이라면 어떻게 살아야 할까요? 그 점에 대해서는 뒤에서 설명하겠습니다.

운과 운명은 다릅니다. 운명은 내가 타고난, 내가 태어날 때 가지고 있는 그 명命을 말합니다. 중국 고전 중에서 운명運命이라는 단어가 처음 등장한 고전은 《묵자》입니다. 《주역》과 관련해서는 한나라 때 경방이 지은 《경씨역전》에 처음 등장합니다. "운명과 인간의 일에서 오행을 살핀다考五行於運命人事"라는 문장이 그것이죠. 참고로 경방은 날씨 예측에 매우 뛰어났다고 합니다. 한나라 때는 재이설이라는 것이 유행했는데, 재이災異는 기상재난으로 인한 이상 현상을 의미합니다. 경방은 자신의 뛰어난 날씨 예측 능력과 재이설을 엮어서 황제에게 자주 상소를 올렸고, 이로 인해 황제의 총애를 받았다고 합니다. 그러나 지나치게 재이에 관한 상소를 올리자 권력자들의 그를 미워하기 시작했고 끝내 감옥에 갇힌 뒤 살해당했다고 합니다. 《주역》으로 새로운 점치는 방식을 개발하여 날씨 예측에 뛰어났던 그도 정작 자신이 감옥에서 죽을 운명이라는 것은 알지 못했던 거죠.

사람이 정말 태어날 때 운명이란 것을 가지고 태어날까요? 왕, 대통령이 될 운명이란 게 따로 있을까. 《중용》이라는 중국 고전이 있습니다. 조선시대 입시 커리큘럼이었던 사서삼경에 《중용》이 들어갑니다. 몇 자 안 돼서 외우기 쉽습니다. 《중용》의 첫 문장은 다음 문장으로 시작합니다.

하늘의 명을 일컫어 성性이라 한다(천명지위성天命之謂性).

《중용》

성性은 '마음 심心'과 '태어날 생生'자로 이루어져 있습니다. 그러니까 성性은 타고난 마음이라는 뜻입니다. 인간이 타고난 마음, 그것을 본성이라고 합니다. 태어날 때 가지고 나온 성격, 성질, 성품이 바로 성, 본성입니다. 천명의 하늘은 하느님이 아닙니다.

어떤 이들은 하늘을 하느님으로 해석해서 천명을 초월적 주체가 부여한 명이라 해석하는데, 이는 정말 고대 중국 사상에 무지한 해석이라고 할 수밖에 없습니다. 고대 중국에서 천天은 천지天地의 줄임말로, 천지는 쉽게 말하자면 세계, 우주를 의미합니다. 《주역》을 공부한 일부 사람들이 자꾸 《주역》에 우주의 원리가 담겨있다고 얘기하니까, 우주의 의미에 관해서도 설명하겠습니다.

고대 중국에서 우주는 현재 우리가 사용하는 코스모스 cosmos의 개념이 아닙니다. 우주宇宙에서 우宇는 위아래와 사방을 의미합니다. 위아래와 사방을 합치면 공간이 됩니다. 우는 공간을 의미합니다. 주宙는 '왕고래금往古來今'이라고 합니다. 왕고往古는 '지나간 옛날'이라는 뜻이고, 래來는 '미래', 금수은 '지금' '현재'를 의미합니다. 과거, 미래, 현재를 합쳐 시간이라고 부릅니다. 따라서 주宙는 시간을 의미합니다.

《천자문》에서는 우주를 뭐라 하죠? '집 우' '집 주'라고 하죠? 우는 공간, 주는 시간, 합쳐서 시공간, 즉 우리가 사는 이 시공간이 우주이고, 우리가 사는 집인 겁니다. 시공간을 우주라 하고, 또 천지라고도 합니다. 그러니까 천은 세계, 우주를 의미하는 용어이지 하느님, 하늘님이라고 번역해서는 안 됩니다.

천명은 하늘이 내린 운명이 아니라 이 세계가, 시공간이 내가 태어날 때 부여한 명입니다. 그 명은 부모로부터 부여받은, 부모가 나에게 물려준 DNA에 담겨있고, 그것을 우리는 본성이라고 합니다. 중용의 첫 문장에서 "나의 운명은 이 세계가 나에게 부여한 나의 본성"임을 선언하고 있습니다. 그럼에도 불구하고 여전히 중국 고전을 공부하여 철학 박사 학위까지 받은 일부 사람들이 고전을 가지고 대중을 혹세무민하는 현실이 개탄스럽기 그지없습니다.

아무쪼록 이 시간부터는《주역》으로 혹세무민하는 자들에게 속아 점을 치는 사람들이 없기를 바랍니다.

9장

점치는 책이 도덕책으로 바뀌다

여자 이름에는 정貞자가 많이 들어갑니다. 대표적인 이름으로는 정숙貞淑, 현정賢貞 등이 있습니다. 여자 이름에 '정'자가 많은 이유는 '정'자가 '곧다' '지조가 굳다' '정절' 등 의미를 지니고 있기 때문입니다. 여자가 곧고, 지조가 있어야 한다, 이런 뜻에서 정자를 많이 쓰는 거죠.

그런데 이 '정'자는 《주역》에 많이 나오는 글자입니다. 괘효사에만 대략 백여 번 정도 나오니, 《주역》을 대표하는 글자인 길흉만큼 나온다고 할 수 있죠. 《주역》에서 정자는 혼자 쓰이지 않습니다. '정'자가 등장하는 대표적인 문장으로는 앞에서도 말한 '원형이정'이 있습니다. 그 외에도 이정利貞, 정길貞吉, 가정可貞과 같은 다양한 형태의 문장에 포함되어 사용되고 있습니다. '정'은 '곧다'는 뜻이니 '이정'은 '곧으니 이롭다'가 되고, '정길'은 '곧으니 길하다'는 뜻이 됩니다. 그런데 준屯괘 구오 효사에 다음과 같은 문장이 있습니다.

---

3.   수뢰준 水雷屯   ☵

구오. 준기고屯其膏, 소정길小貞吉, 대정흉大貞凶.

준기고屯其膏는 '은택을 베풀기가 어렵다'는 뜻입니다. 그러면 소정길小貞吉, 대정흉大貞凶은 어떻게 해석해야 할까요? 소小는 '작다', 대大는 '크다'는 뜻입니다. 일단 '소정길'부터 풀이해 봅시다. 순서대로 뜻을 적으면 작다, 곧다, 길하다 이므로 '작게 곧으면 길하다'가 됩니다. '작게 곧다'는 좀 이상하니 '작은 일에 곧다'로 고칩시다. '작은 일에 곧으면 길하다.' 이제 좀 문장이 되는군요. 그러면 대정흉大貞凶은 '큰일에 곧으면 흉하다'로 해석할 수 있습니다. 엥? 뭔가 좀 이상하지 않습니까? 큰일을 당하여 올곧게 처신했는데 흉하다뇨? 그러면 큰일을 당하면 올곧게 처신하지 말고 부당한 방법을 써야 길할까요? 준괘 구오 효사 전체 문장을 한번 연결해서 봅시다. '은택을 베풀기가 어려우니, 작은 일에 곧으면 길하고, 큰일에 곧으면 흉하다.' 그래도 좀 시원하게 이해하기 어렵습니다. 뭔가 이상하고 틀린 것 같습니다. 이처럼

이해하기 어려운 해석이 나오는 이유, 그리고《주역》에 '정'자가 많이 나오는 이유는 정의 뜻이 원래는 '곧다'가 아니었기 때문입니다. 가장 오래된 한자 사전인《설문해자》를 보면 '정'자를 다음과 같이 풀이하고 있습니다.

정貞: 복에 묻는 것이다(복문야卜問也).

복은 갑골복을 의미한다고 설명했죠? '복에 묻는다'는 것은 '갑골복에 묻는다'는 뜻입니다. 앞서 정반대정에 대해서 말했습니다. 정반대정은 정과 반의 대립으로 복에 묻는 행위입니다. 갑골복에 뭘 묻냐면, 미래에 알고 싶은 것을 물었죠. 갑골문에 제일 많이 남아있는 질문을 보면 '내일 비가 올까요?'입니다. 이런 질문을 갑골복에 하는 행위를 의미하는 글자가 '정'자입니다. '정'의 원래 뜻으로 풀이하면 준괘 구오 효사에 나오는 소정길, 대정흉의 해석이 아래와 같이 달라집니다.

작은 일을 복에 물으면 길하고 큰일을 복에 물으면 흉하다.

복에 묻는다는 의미를 지닌 다른 글자가 점占이죠. 복에 묻는다를 점치다로 바뀌어도 됩니다. 이제 좀 이해가 되죠. 대정흉은 '큰일에 곧으면 흉하다'가 아니라 '큰일을 점치면 흉하다'라는 뜻입니다.

그렇다면 원형이정의 해석도 바꿔야 합니다. 목강과 〈문언전〉에서는 원형이정의 정을 '바르고 굳게 일을 주관한다'로 풀이했습니다. 이것을 점치다로 바꿔보죠. 그러면 원형이정은 아래처럼 풀이할 수 있습니다.

크게 형통하고, 이로운 점이다.

이는 목강이나 〈문언전〉의 설명과는 완전 다른 해석입니다. 아래에서 문언전의 해석을 보시죠.

문언文言에서 말하기를 원元은 선善의 으뜸이요, 형亨은 아름다움이 모인 것이요. 이利는 의義의 조화요. 정貞은 일을 주관함이다.

정을 점으로 해석하면 원형이정은 매우 길한 점을 뜻하는 글귀가 됩니다. 그런데 정뿐 아니라 원형이정 모든 글자의 뜻을 바꾸니 뭔가 이 글을 읽으면 도덕적으로 올바른 사람이 되어야 할 것 같은 느낌이 듭니다.

이처럼 점치는 책에 불과했던, 그리고 괘를 해석하는 풀이글에 불과했던 괘효사를 수신과 도덕을 말하는 내용으로 바꾸는 역할을 한 것이 〈단전〉과 〈상전〉 〈문언전〉입니다. 〈문언전〉에 대해서는 앞에서 설명했고, 〈단전〉에 대해서 설명하겠습니다.

〈단전〉의 단彖은 '판단'의 의미입니다. 무엇을 판단했냐면 괘사의 의미를 판단했습니다.《주역》을 보면 〈단전〉은 괘사 아래에만 배치되어 있어 괘사의 뜻을 설명합니다. 그런데 단순히 괘사의 뜻만 판단하고 설명하는 것에 그치지 않고, 괘사에 등장하는 단어의 뜻을 규정합니다. 예를 들어 보겠습니다. 아래 명이괘의 괘사와 단전을 읽어봅시다.

36.　　　　지화명이 地火明夷　　　　☷☲

이간정利艱貞. 어려움에 대한 점은 이롭다.

> **단전.** 해가 땅속으로 들어가는 것이 명이다. 안으로는 문명하고 밖으로는 유순하며, 큰 어려움을 받으니 문왕이 이와 같다. '이간정利艱貞'은 그 밝음이 어두워졌다는 것이며, 안으로는 어려우나 그 뜻을 바르게 할 수 있으니, 기자가 이와 같다.

명이괘의 괘사는 이간정利艱貞입니다. '이'와 '정'은 무슨 뜻인지 다 아시죠. 간艱은 처음 보시는 분들이 많을 겁니다. 사람들이 가장 싫어하는 것 중 하나가 가난입니다. 가난의 원 글자는 간난이었습니다. 간난, 간난하다에서 간 아래의 ㄴ이 사라지고 가난이 된 거죠. 간난은 한자로 艱難입니다.

두 글자 모두 '어렵다'는 뜻입니다. 어렵고 어려우니 얼마나 어렵겠습니까. 그게 가난인 거죠. 이간정은 글자 뜻 그대로 풀이하면 '어려운 일을 점에 물으니 이롭다'입니다. 뭔가 어려운 일이 있어서 이 일을 가지고 점을 치면 이롭다는 뜻입니다.

그런데 단전에서는 "이간정은 그 밝음이 어두워졌다는 것이며, 안으로는 어려우나 그 뜻을 바르게 할 수 있다"로 해석합니다. 완전 다른 뜻이죠. 먼저 밝음이 왜 어두워졌다고 했는지를 설명하겠습니다. 명이괘를 8괘로 분리하면 아래와 같습니다.

명이괘의 윗괘는 곤괘이고, 아랫괘는 리괘입니다. 곤괘의 상징은 땅, 리괘의 상징은 불이죠. 명이괘의 괘상을 보면 땅 아래에 불이 있습니다. 땅 아래에 불이 있으니 당연히 불빛이 밖으로 못 나오겠죠? 〈단전〉에서 말한 '밝음이 어두워졌다'는 명이괘를 구성하는 8괘의 상징으로 해석한 것입니다.

8괘의 상징으로 해석한 것은 그 앞 문장에도 등장합니다. 명이괘 단전의 첫 문장 '해가 땅속으로 들어가는 것이 명이다'도 8괘의 상징으로 명이괘를 해석한 것입니다. 해는 리괘의 상징입니다. 상징은 비슷한 것끼리 계속 붙여나갈 수 있다고 앞에서 설명했죠? 불은 뜨겁고, 가장 뜨거운 것은 해 아닙니까? 그래서 해도 리괘의 상징이 될 수 있습니다. 해가 땅속으로 들어갔으니 낮입니까, 밤입니까? 당연히 밤이죠. 밤이면 잘 안 보이죠. 잘 안 보이면 사물을 구별하기가 어렵습니다. 이렇게 해서, 괘사에 나오는 단어 '어렵다'와 연결됩니다.

"안으로는 문명하고 밖으로는 유순하다"도 8괘의 상징으로 해석한 것입니다. 불은 문명을 의미합니다. 인류는 불을 지피게 되면서 음식을 익혀 먹게 되었고, 그로부터 음식문화가 발달하였죠. 불과 음식 문화가 발달하면서 인류의 문명이 시작됩니다. 이처럼 불은 문명으로 연결됩니다. 곤괘는 음, 그 대립항인 건괘는 양을 상징합니다. 양은 강건함이라는 상징과 연결되고, 음에는 그와 반대되는 부드러움, 유순함이라는 상징이 연결됩니다. "안으로는 문명하고 밖으로는 유순하다"는 곤괘와 리괘의 또 다른 상징으로 해석한 것입니다.

그다음 "안으로는 어려우나 그 뜻을 바르게 할 수 있다"는 불이 땅 안에 갇혀 있으니 어렵다고 한 것입니다. 또 간艱을 가지고 해석한 것이기도 하죠. 이 문장의 원문은 '내간이 능정기지內難而能正其志'입니다. 원문을 보시면 '바를 정正'자가 쓰였습니다. 그러니까 정貞을 정正으로 해석한거죠. 그래서 '그 뜻을 바르게 할 수 있다'고 한 것입니다. 이렇게 되면 〈단전〉의 해석에 의해 명이괘 괘사 이간정은 '어려워도 곧게

스스로 읽고 이해할 수 있는 주역 공부

사는 것이 이롭다'가 됩니다. 정貞을 점으로 해석할 때는 '어려운 일을 점에 물으니 이롭다'였는데, 정貞을 '곧다' '바르다'로 해석하니 인간의 올바른 행실을 강조하는 문장이 되어 버렸습니다. 이처럼 〈단전〉은 괘사를 인간을 행위와 덕을 강조하는 문장으로 재해석하는 역할을 합니다. 다른 〈단전〉도 살펴봅시다. 아래에 《주역》의 세 번째 괘인 준괘의 괘사와 〈단전〉이 있습니다.

---

3. 수뢰준 水雷屯 ䷂

원형이정元亨利貞. 갈 곳이 있어도 가지 말라. 제후를 세우는 것이 이롭다.

단전. 강剛과 유柔가 교합하기 시작하여 어렵게 낳는다. 어렵고 위험한 가운데 움직여 만물을 낳으니 크게 형통하고 곧다. 우레와 비의 움직임이 가득 찼으니, 하늘이 만물의 씨앗을 창조한다. 제후를 세워야 마땅하니, 안녕하지 않다.

준괘 단전은 강剛과 유柔로 시작합니다. 강은 '단단해서 부러짐', 유는 '굽음과 곧음'으로 서로 반대되는 뜻을 지녔습니다. 〈단전〉에서는 대립쌍을 의미하는 단어로 음양이 아닌

강유를 주로 이용합니다. 준괘 〈단전〉에서 말하는 강과 유는
준괘의 윗괘와 아랫괘를 가리킵니다.

윗괘		아랫괘
준 ䷂ 감 ☵(물)	+	진 ☳(우레)

준괘䷂의 윗괘는 감괘☵, 아랫괘는 진괘☳입니다. 준괘
〈단전〉에 보면 '우레와 비의 움직임이 가득 찼다'는 문장이
나옵니다. 우레와 비는 각각 진괘와 감괘를 말합니다. 감괘
의 기본 상징은 물입니다. 비는 물의 일종이죠. 그러므로 비
도 감괘의 상징이 됩니다. 강유로 말하면 준괘를 이루는 감
괘는 유이고, 진괘는 강입니다.

8괘에서 감괘와 진괘는 서로 짝을 이루는 대립항이 아닙
니다만, 강유로 비유함으로써 이 둘이 짝을 이루는 대립항
이 됩니다. 8괘는 모두 강 또는 유로 분류할 수 있습니다. 아
래에 있는 표는 〈단전〉에 나오는 8괘의 강유 분류표입니다.

강	건 ☰	간 ☶	리 ☲	진 ☳
유	곤 ☷	태 ☱	감 ☵	손 ☴

8괘를 강과 유라는 대립쌍을 이용해 분류하면 위와 같습
니다. 이제 8괘는 강유 중 한쪽에 속하는 대립항이라는 의미

를 지니게 됩니다. 무슨 의미냐면, 예를 들어 곤괘의 대립쌍은 건괘입니다. 따라서 곤괘를 대립쌍으로 이용할 때는 반드시 건괘가 있어야 합니다. 그런데 곤괘에 유라는 상징을 부여함으로써 이제 곤괘는 강에 속하는 건괘, 간괘, 리괘, 진괘의 대립항으로서 작용할 수 있습니다. 이처럼 〈단전〉에서는 강유라는 대립쌍을 이용해 8괘의 상징을 확장했습니다.

준괘 〈단전〉에서 "강剛과 유柔가 교합하기 시작하여 어렵게 낳는다"에서 강과 유는 준괘를 이루는 감괘와 진괘를 가리킨 것이라고 해석할 수도 있지만, 저는 차라리 여기서 강과 유를 《주역》 첫 번째 괘인 건괘와 두 번째 괘인 곤괘라고 해석하는 것이 낫다고 생각합니다. 건괘는 강, 곤괘는 유입니다.

《주역》은 건곤이 교합하여 우주가 태어나고 만물을 생성하는 것에서 시작합니다. 그래서 세 번째 괘인 준괘는 건곤이 교합을 시작한 직후를 의미하는 괘가 됩니다. 그것을 준괘 〈단전〉에서는 "하늘이 만물의 씨앗을 창조한다"고 설명하였습니다. 만물이 처음 생성될 때 쉽게 쉽게 나왔을까요? 그렇지 않았을 것 같습니다. 그래서 "어렵게 낳는다"라고 한 것입니다.

이처럼 〈단전〉에 의해 준괘는 건곤이 교합을 시작하고 나서 만물이 막 생성되는 어려운 시기를 상징하는 괘가 됩니다. 점을 쳐서 얻는 괘에 불과했는데 단전의 해석에 의해 우주 만물의 생성과 창조를 설명하는 괘가 된 것이지요. 강유로 괘를 설명하는 예를 한 가지 더 들어보겠습니다. 아래 수 괘의 괘사와 〈단전〉을 보시기 바랍니다.

17.　　　　　　　**택뢰수 澤雷隨**　　　　　　☰

원형이정元亨利貞. 재앙은 없다.

　단전. 수는 강이 와서 유 아래에서 움직이니 기뻐함이 수
　　이다. 선하고 예를 지켜 곧게 하니 재앙이 없다. 그리
　　하여 천하 사람들이 때를 따르니, 때를 따르는 의의
　　가 크도다.

　수隨괘는 앞서 목강이 점을 쳐서 얻은 괘였죠. 그때 수괘
의 괘사가 원형이정이라고 말씀드렸습니다. 이정에는 두 가
지 뜻이 있죠? 하나는 '이로운 점이다', 다른 하나는 '곧으니
이롭다'입니다. 수괘 단전에서는 "강이 와서 유 아래에 있
다"에 있다고 하였습니다. 수괘를 구성하는 8괘는 아래와 같
습니다.

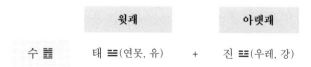

수 ☱　　　태 ☱(연못, 유)　　+　　진 ☳(우레, 강)

"강이 와서 유 아래에서 움직이니 기뻐하다"는 강을 상징하는 진괘가 유를 상징하는 태괘 아래에 있는 수괘의 괘상을 가지고 해설한 것입니다. 수隨는 '따르다'의 뜻입니다. 강이 유 아래에 있는 것을 강이 유를 따르는 것으로 해석하였습니다. 이 뜻을 이용해 수괘를 '때를 따르다'로 해석하여 때를 따르는 것의 중요성을 밝히면서 수괘의 의미를 재해석했습니다. 어떤 일을 도모하고자 한다면 때를 따르는 것이 중요하기 때문입니다. 때의 중요성을 강조하는 사상은 바로 이 수괘로부터 유래하였습니다.

수괘 〈단전〉에서는 강유로 괘상을 설명하면서 인간의 행위의 중요성을 강조하고 선과 덕으로 괘사를 해석하였습니다. 원래 해석대로 해석하자면 원형이정은 '크게 형통하고 이로운 점이다'라는 점풀이 글에 불과하지만 〈단전〉에 의해 '선하고 예를 지켜 곧게 하다'를 뜻하는 괘사가 되어 수신도덕을 말하는 글이 되었습니다.

이처럼 〈단전〉은 8괘의 강유를 이용하여 괘상을 설명하는 한편, 정貞자처럼 자주 등장하는 글자의 의미를 변형하여 괘사를 재해석했습니다. 이외에도 〈단전〉에서는 중中을 이용하여 괘상, 괘사를 재해석합니다. 이에 대해서는 뒷장에서 설명하겠습니다.

10장

중中을 숭상하다

앞 장에서 〈단전〉에서 괘사를 어떻게 해석하는지 설명했습니다. 〈단전〉의 괘사 해석법에는 강유로 해석하는 법 외에도 몇 가지가 더 있습니다. 아래 사괘의 괘사와 〈단전〉을 보시죠.

| 7. | 지수사 地水師 | ䷆ |

사師. 곧다. 장인丈人은 길하니 재앙이 없다.

단전. 사는 사람의 무리다. 정은 바름이다. 무리 지은 사람을

바르게 할 수 있으니 왕이 될 수 있다. 강剛이 가운데
에 자리하여 유柔와 응하고, 험난함 속에서 순종하여
행하니, 이것으로 천하를 다스려 민초가 따르게 하니
길할 뿐이다. 또 무슨 재앙이 있겠는가?

사師는 '스승'이란 뜻도 있지만, '무리' '뭇사람'을 의미하
기도 합니다. 사괘 단전에서는 '강이 가운데에 자리하여 유
와 응한다'고 풀이했습니다. 여기서 강은 사괘의 구이 효를
가리킵니다. 사괘의 모양을 보시면 아시겠지만, 양효가 하나
이고 나머지는 전부 음효입니다. 사괘에서 강은 구이 효밖
에 없습니다. 그런데 그 구이 효가 아랫괘의 가운데에 자리
하고 있습니다. 우리가 이미 알고 있듯이 3획괘는 윗효, 가
운데효, 아랫효로 이루어져 있습니다.

〈단전〉에서는 가운데에 있는 효를 특별하게 여깁니다. 사
괘에서는 가운데 강을 위아래로 유가 둘러싸고 있습니다.
그리고 사괘의 윗괘는 전부 유로 이루어진 곤괘입니다. '유
와 응한다'고 할 때 '유'는 윗괘인 곤괘를 가리키기도 하지
만, 육오 효를 가리키는 것으로 해석할 수도 있습니다. 구이
는 아랫괘의 가운데, 육오는 윗괘의 가운데에 있다는 공통
점이 있습니다. 같은 자리를 차지하고 있으므로 서로 상응
하는 관계로 봅니다.

〈단전〉에서는 사괘가 길한 이유를 강, 즉 양효가 가운데에

자리하여 윗괘의 가운데에 있는 유와 응하기 때문으로 설명하고 있습니다. 이처럼, 가운데 즉 중中을 중시하는 해석법은 〈단전〉 곳곳에서 나타나고 있습니다. 아래 비比괘의 괘사와 〈단전〉을 읽어보시죠.

---

8.   수지비 水地比   ䷇

비比. 길하다. 두 번 주역점을 치다. 오랜 시간 점에 물으니 재앙은 없지만, 안녕하지는 아니하다. 먼 곳에서 오는데 뒤에 오는 사람은 흉하다.

단전. 비는 길하다. 비比는 보좌한다, 아래가 순종한다는 것이다. '두 번 주역점을 치다. 오랜 시간 점에 물으니 재앙은 없다'는 것은 강剛이 가운데 자리에 있기 때문이다. '안녕하지 않으며 먼 곳에서 온다'는 것은 위와 아래가 응하는 것이다. '뒤에 오는 사람은 흉하다'는 것은 그 도가 궁하다는 것이다.

비괘의 〈단전〉에서는 '강'이 가운데 자리에 있기 때문에 비괘가 길하고 재앙이 없는 것으로 해석했습니다. 여기서 강은 비괘의 구오 효입니다. 비괘 괘상䷇을 보면 양효가 하나밖에 없습니다. 그 양효가 윗괘의 가운데에 자리하고 있습니다. 그다음 괘사의 '안녕하지 않으며 먼 곳에서 온다'에 대해서는 위와 아래가 응하기 때문으로 해석했습니다.

무슨 뜻이냐면 구오 효와 아랫괘의 육이 효가 서로 반대되므로 이것을 서로 응하는 것으로 해석했습니다. 구오 효는 강, 육이 효는 유이므로 서로 하나로 연결되는 대립쌍입니다. 이를 응한다로 해석하고 괘사의 "먼 곳에서 온다"를 설명했습니다. 이처럼 비괘 〈단전〉에서는 중을 이용하여 괘사를 해석했습니다. 다음은 동인괘의 괘사와 〈단전〉입니다.

---

13.   **천화동인** 天火同人   ☰

동인同人. 사람들과 들에서 함께 하니 형통하다. 큰 내를 건너면 이롭다. 군자가 곧으니 이롭다.

단전. 동인은 유柔가 자리를 얻었다. 또한 중中의 자리를 얻어서 건乾과 응하고 있으니 일컬어 동인이라 한다. 동인에서 말하기를 '사람들과 들에서 함께 하니 형통하다. 큰 내를 건너면 이롭다'는 것은 건乾괘가 행하는 것이다. 강건함으로 문文을 밝히고, 중정中正으로 응하니 군자는 올바르다. 오직 군자만이 천하의 뜻에 통할 수 있다.

동인의 윗괘는 건괘☰, 아랫괘는 리괘☲입니다. 리괘는 가운데 효가 음효입니다. 그래서 동인괘 육이 효가 유柔입니다. 〈단전〉 첫 문장에서는 동인이라는 괘명에 대해 '유'가 자리를 얻었고 '중'을 얻어서 '건'과 응하고 있어서 일컬어 동인이라 한다고 설명합니다. "유가 자리를 얻었다"는 것은 동인괘를 구성하는 여섯 개의 효 중 다섯 개는 강이고, 하나만 유인 것을 가리킵니다. 그런데 그 유가 하괘의 가운데에 있으니 이를 일컬어 중을 얻었다고 한 것입니다. 이는 동인괘의 괘상을 가지고 괘명을 설명한 것입니다.

그리고 이어서 괘상을 가지고 괘사를 설명합니다. 괘사에 나오는 "사람들과 들에서 함께 하니 형통하다. 큰 내를 건너면 이롭다"를 윗괘에 자리하고 있는 건괘가 행하는 것으로 해석했습니다. 이어서 '강건함으로 문文을 밝힌다'도 건괘의 괘덕인 강건함을 가지고 문명을 일으켜 세움을 설명한 것입니다.

그다음에 "중정中正으로 응한다"는 설명이 나옵니다. '중정'이란 육이 효를 가리킵니다. 그런데 '중'이라 하지 않고 '중정'이라 했습니다. 정正은 '올바르다'는 뜻입니다. 중정은 '가운데에 자리하니 올바르다'는 뜻입니다. 가운데라는 자리에 올바름이라는 인간의 도덕 개념을 부여한 것이 중정입니다. 이처럼 중을 중시하는 사상은 중에 자리하면 올바르다는 개념으로 발전합니다. 중정이 등장하는 예를 몇 개 더 살펴봅시다.

스스로 읽고 이해할 수 있는 주역 공부

천수송 天水訟 ☰

송䷅. 믿음이 있으나 막혀있어 두려워한다. 중간은 길하고 끝은 흉하다. 대인을 만나는 것이 이롭다. 큰 내를 건너면 이롭지 않다.

> **단전.** 송訟은 위는 강剛하고 아래는 험하니, 험하고 강건한 것이 송이다. '믿음이 있으나 막혀있어 두려워한다. 중간은 길하다'는 것은 강이 와서 가운데 자리를 얻었기 때문이다. '끝은 흉하다'는 것은 송사는 이루는 것이 없기 때문이다. '대인을 만나는 것이 이롭다'는 것은 중정中正을 숭상하기 때문이다 '큰 내를 건너면 이롭지 않다'는 것은 연못 속으로 빠져들기 때문이다.

　송괘의 윗괘는 건괘☰, 아랫괘는 감괘☵입니다. 감괘의 괘명 감坎은 '구덩이' '빠지다' '험하다'의 뜻을 지니고 있습니다. 이 뜻을 가지고 송괘 〈단전〉에서는 '아래는 험하다'고 한 것입니다. 송괘 〈단전〉에 보면 "중정을 숭상한다"는 표현이 등장합니다. 송괘의 괘상을 보면 윗괘와 아랫괘에 모두 강이 가운데 자리를 차지하고 있습니다. 즉 둘 다 중정이라 할 수 있습니다.

그런데 괘는 사건이 진행될수록 아래에서 위로 효가 쌓이는 방식이라고 했습니다. 즉 위에 있는 효일수록 더 많은 사건이 진행된 것이죠. 그렇다면 아래에 있는 구이 효가 대인일까요? 아니면 위에 있는 구오 효가 대인일까요? 네, 구오 효가 대인에 해당합니다. 구오 효가 중의 자리를 차지하고 있으므로 이를 가지고 대인을 만나는 것이 이롭다고 해석하였습니다. 그러므로 중정은 구오 효를 가리킵니다. 그다음 대유괘의 괘사와 〈단전〉을 봅시다.

---

14.   **화천대유 火天大有**   ䷍

대유大有. 크게 형통하다.

단전. 유柔가 존위尊位를 얻었다. 큰 중中이 위아래에서 응하니 일컬어 대유라고 한다. 그 덕이 강건하고 문명文明하다. 하늘에 응하여 때맞춰 행하니 이를 크게 형통함이라 한다.

대유괘는 동인괘를 뒤집은 모양입니다. 동인괘는 천화동인인데, 대유괘는 화천대유죠. 대유괘는 윗괘가 리괘☲, 아랫괘는 건괘☰입니다. 따라서 육오 효가 중의 자리를 얻은 모양입니다. 이를 〈단전〉에서는 '존위'라고 표현하였습니다.

존尊은 '높다'라는 뜻으로, 존위는 '높은 자리'라는 뜻이 됩니다. '유가 존위를 얻었다'고 했으니 하나밖에 없는 육오 효를 가리키는 것은 분명합니다. 육오의 자리를 존위라고 한 것은 앞서 송괘에서 구오를 대인이라 한 것과 같은 이치입니다.

그다음 문장을 보면 유를 '큰 중中'이라 했습니다. 이처럼 다섯 번째 효의 자리를 존위, 큰 중이라 한 것은 무엇 때문일까요? 6획괘에서 여섯 번째 효까지 사건이 진행되면 어떻게 되죠? 궁즉변이 일어나서 짝을 이루는 대립항으로의 변화가 일어난다고 설명했습니다. 길이 궁에 달하면 흉으로 변하고, 흉이 궁에 달하면 길로 변하는 것이 궁즉변입니다.

괘에서 다섯 번째 효는 사건의 진행이 궁극에 달하기 직전의 상태를 가리킵니다. 《주역》에서 가운데를 숭상하고, 그 중에서도 다섯 번째 효를 존위, 큰 중으로 여기는 것은 사건의 진행이 아직 궁극에 달하지 않았기 때문입니다. 무슨 뜻인지 다음 일화를 통해 설명하겠습니다.

공자가 노나라 환공의 사당에서 유기기有欹器를 보았다. 공자는 사당지기에게 물었다.
"이것은 무슨 그릇입니까?"
"그것은 아마 유좌宥坐의 그릇일 겁니다."
"내가 듣기로는 유좌의 그릇은 텅 비면 기울어지고, 중간을 채우면 바르게 서고, 가득 차면 엎어진다고 하였습니다. 현명한 군주는 이 그릇을 지극한 경계심을 주는 그릇으로 여겨 항상 자신의 자리 옆에 두었다고 합니다."

《공자가어》〈삼서〉

공자의 대화 중에서 '텅 빔'과 '가득 참'은 그 상태가 정반대입니다. 유기기는 텅 비면 기울고, 가득 차면 엎어지는 그릇입니다. 기울어짐과 엎어짐은 궁즉변을 의미합니다. 가득 찼다가 엎어지면 안에 있는 것이 다 쏟아지고 텅 비게 됩니다. 즉 짝을 이루는 대립항으로 상태가 변화하죠. 텅 비면 기울어지는 것도 마찬가지입니다. 기울지 않게 하려면 채워야죠. 채우면 다시 서게 됩니다. 기울지도 엎지도 않게 하려면 중간까지 채우면 됩니다. 이때 중中은 '적당히'의 의미입니다.

괘는 시간과 공간 속에서 대립쌍이 만드는 하나의 사건을 의미합니다. 괘는 음효, 양효라는 대립쌍으로 그것을 표현하지만, 인간의 삶을 이루는 대립쌍은 무수히 많습니다. 《주역》에서 말하는 인생은 크게는 길, 흉, 길하지도 흉하지도 아님이지만 더 세밀하게 나눌 수 있습니다. 중국 고전 중하나인 《예기》에서 사람에게는 희노애구애오욕喜怒哀懼愛惡欲의 일곱 가지 정이 있다고 했습니다. 희노애구애오욕은 기쁨, 분노, 슬픔, 두려움, 사랑, 미움, 욕망입니다. 그런데 인간의 감정에 일곱 가지만 있나요?

스스로 읽고 이해할 수 있는 주역 공부

기쁨(희喜) ― 슬픔(애哀)

분노(노怒) ― ?

두려움(구懼) ― ?

사랑(애愛) ― 미움(오惡)

욕망(욕欲) ― ?

가만히 보니 몇 가지 빠진 게 보입니다. 기쁨과 슬픔, 사
랑과 미움은 서로 반대되는 것입니다. 나머지도 대립쌍으로
이루어지는 것이 맞을 것 같습니다. 두려움의 반대되는 것
은 용기입니다. 분노의 반대되는 것은 무엇일까요? 제 생각
에는 분노하지 않음으로 보입니다. 일단 분노하지 않음으로
해봅시다. 그리고 욕망의 반대되는 것은 욕망하지 않음일
겁니다. 빈칸을 채우면 다음과 같습니다.

기쁨(희喜) ― 슬픔(애哀)

분노(노怒) ― 분노하지 않음(불노不怒)

두려움(구懼) ― 용기(용勇)

사랑(애愛) ― 미움(오惡)

욕망(욕欲) ― 욕망 없음(무욕無欲)

여기에 빠진 몇 가지 감정을 추가해 봅시다.

희망 ― 절망

괴로움 - 즐거움

행복 - 불행

몇 가지를 추가하니 여덟 가지 대립쌍이 되었습니다. 대립쌍은 삼항 관계이므로 정확하게는 아래와 같이 이루어져 있습니다.

기쁨 - 기쁘지도 슬프지도 않음 - 슬픔

분노 - 분노하지도 분노하지 않음도 없음 - 분노하지 않음

두려움 - 두려워하지도 용맹하지도 않음 - 용기

사랑 - 사랑하지도 미워하지도 않음 - 미움

욕망 - 욕망하지도 욕망이 없지도 않음 - 욕망 없음

희망 - 희망하지도 절망하지도 않음 - 절망

괴로움 - 고통스럽지도 즐겁지도 않음 - 즐거움

행복 - 행복하지도 불행하지도 않음 - 불행

이외에도 몇 가지 더 있겠지만 인생은 대체로 이 같은 인간의 감정으로 이루어져 있습니다. 앞서 대립쌍은 하나로 연결되어 있어 동시에 출현하지만 동일 주체에는 번갈아 출현한다고 했습니다. 예를 들어 기쁨과 슬픔은 나에게는 번갈아 일어나야 합니다. 내가 동시에 기뻐하며 슬퍼하면 그건 미친 거죠.

《주역》에서는 대립쌍이 출현하는 것을 '대립자가 서로를

스스로 읽고 이해할 수 있는 주역 공부

낳는다'로 표현합니다. 낳는다는 것은 대립쌍이 서로의 원인이라는 것입니다. 기쁨은 슬픔의 원인이고 슬픔은 기쁨의 원인입니다. 그런데 어떻게 그것이 가능하죠? 이에 대해서는 정약용의 설명을 들어보겠습니다.

앞서 정약용이 유배 시절 칠 년 동안 《주역》을 연구했다고 했습니다. 《주역》의 황금열쇠는 바로 서로 반대되면서 하나로 연결된 한 쌍, 즉 대립쌍입니다. 그렇다면 정약용은 《주역》이 대립쌍의 원리를 말하고 있음을 이해하지 못했을까요? 그렇지는 않습니다. 다음 글을 보시죠.

> 괴로움은 즐거움을 낳으니 괴로움이란 즐거움의 뿌리이다.
> 즐거움은 괴로움을 낳으니 즐거움이란 괴로움의 씨앗이다.
> 괴로움과 즐거움이 서로를 낳는 이치는 동정動靜, 음양陰陽과
> 같다.
>
> 〈이중협과 이별하며 만든 시첩의 서문〉

이 글은 정약용이 이중협이라는 사람과 헤어지면서 그간 지었던 시와 글로 책으로 만들었는데, 그 책에 실린 서문입니다. 동動은 움직임, 정靜은 고요함으로, 서로 상태가 정반대입니다. 동정, 음양, 괴로움과 즐거움은 대립쌍입니다. 그리고 대립쌍은 서로를 낳습니다. 정약용은 괴로움은 즐거움을 낳고 즐거움을 괴로움을 낳는다고 하였습니다. 정약용은 괴로움과 즐거움이 서로를 낳는 이치에 대해 다음과 같이

설명합니다.

…… 내가 처음 성안에 있을 때 항상 답답하여 마음이 시원하지 않았는데, 다산茶山에 옮겨 살게 되어서는 안개와 노을과 더불어 놀고 꽃과 나무를 구경하니, 귀양살이하는 시름을 호연히 잊게 되었다. 이는 곧 괴로움이 즐거움은 낳은 것이다.

얼마 뒤에 도강 병마우후 이중협이 우거진 숲, 그윽한 시냇가로 나를 찾아왔다. 그런데 돌아가고 나서는 편지를 날마다 보내오는가 하면, 조각배로 조수를 타고 뱃놀이를 하거나 한 필의 말을 타고 봄놀이를 즐기기 위해 거르는 달이 없이 자주 찾아왔는데, 이와 같이 한 지가 지금 삼 년이나 되었다.

그런데 임기가 차서 교체되어 이곳을 떠나게 되자 술자리를 마련하여 나에게 작별을 고한다. 이 뒤부터는 내가 비록 종이나 먹과 필기구가 있더라도 누구와 함께 글을 써서 주고받겠으며, 또다시 수레와 말발굽 소리 울리면서 다산 골짜기를 찾아올 사람이 있겠는가. 그것을 생각하니 서글프다. 이것은 또 즐거움이 괴로움을 낳은 것이다.

그러나 괴로움이란 즐거움의 뿌리이니, 가령 내가 살아서 열수洌水를 건너 고향으로 돌아가게 되고, 이군李君도 그때 휴직하고, 남주·벽계 사이로 나를 다시 찾아와서 산나물·생선회로 즐겁게 밥상을 마주하게 된다면 이것은 괴로움이 즐거움을 낳는 것이다. 나의 벗은 슬퍼하지 말게.

〈이중협과 이별하며 만든 시첩의 서문〉

스스로 읽고 이해할 수 있는 주역 공부

정약용이 처음 강진으로 유배되어 갔을 때 그는 성 동문
에 있는 주막의 단칸방에서 생활했습니다. 당시 정약용은
친구에게 보내는 편지에서 "노비들도 나와 함께 서서 이야
기하려 하지 않는다"라고 적었습니다. 아는 이 하나 없고, 말
벗 하나 없었으니 오죽 답답했을까요. 그런 생활을 사 년을
하고 나서 성문 밖 다산으로 거처를 옮겼습니다.

　다산은 강진만이 굽어 보이는 만덕산 기슭에 자리하고 있
습니다. 아침에는 안개와 함께, 저녁에는 노을과 함께하고,
계절이 변할 때는 다양한 꽃이 졌다 피는 것을 감상할 수 있
고, 계절의 변화에 따라 나무의 생장이 변화하는 것을 감상
할 수 있게 되었으니, 성안에 있을 때는 괴롭더니 다산에 살
게 되면서 즐거운 유배 생활이 되었습니다.

　이를 정약용은 괴로움이 즐거움을 낳았다고 표현했습니
다. 괴로움이 즐거움을 낳았다니, 상식으로는 이해가 되지
않습니다. 우리는 보통 아름다운 꽃과 황홀한 노을을 보며
즐거워하면 꽃과 노을 때문에 즐겁다고 여기지 않습니까?

　왜 정약용이 저렇게 얘기했는지, 정약용의 글을 꼼꼼하게
분석해 봅시다. 정약용의 고향은 지금의 남양주입니다. 글
에서 언급한 남주, 벽계가 그곳이지요. 정약용이 유배를 하
러 처음 갔을 때 성안 주막이 아니라 다산초당으로 갔다면
기분이 어땠을까요? 아마도 고통스럽고 괴로웠을 것입니다.
처자식을 모두 남겨두고 떠나왔으니 그 심정이 얼마나 고통
스러웠겠습니까? 아름답고 화려한 꽃과 나무도 눈에 들어

오지 않았을 것입니다. 고통스럽고 답답한 유배 생활을 둘러싼 시시하고 그저 그런 풍경의 하나였을 테지요.

만약 정약용이 성안 주막의 단칸방에서 유배 생활을 시작하지 않고 매일 꽃과 나무가 주변에 늘 널려있는 다산에서 처음부터 유배 생활을 했다면 그게 즐거움으로 느껴질까요? 정약용이 다산의 자연을 즐거움으로 느끼게 된 것은 성안 주막에서 사 년이나 생활하다가 다산으로 옮겨서 그렇게 느끼게 된 것입니다. 그렇다면 꽃과 나무가 즐거움을 만든 것이 아니라, 정약용의 말대로 괴로움이 즐거움을 낳은 것입니다.

그런데 어느 날, 도강 병마우후라는 관직을 받아 강진으로 부임한 이중협이라는 사람이 다산으로 정약용을 찾아옵니다. 우후는 종3품의 관직으로 병마절도사를 보좌하는 자리입니다. 그렇게 이중협은 매일 편지도 보내고, 달이 바뀌면 뱃놀이나 꽃놀이를 하자고 찾아오기를 삼 년 동안 한결같이 했다가 이제 임기를 마치고 정약용을 떠나야 할 때가 되었습니다.

이중협으로 인해 즐거웠는데 이제 이중협이 떠난다니 누가 나를 다시 찾아오겠는가, 하는 생각이 들어 괴롭습니다. 이는 즐거움이 괴로움을 낳은 것입니다. 지금은 이렇게 헤어지지만, 언젠가 정약용이 유배에서 풀려나 남양주 집으로 돌아가고 이중협이 휴직을 하고 정약용을 찾아와 다시 밥상을 마주하게 된다면 그 또한 즐거운 일이니, 이는 괴로움이 즐거움을 낳은 것입니다. 세상의 이치가 괴로움이 즐거움을

스스로 읽고 이해할 수 있는 주역 공부

낳고, 즐거움이 괴로움을 낳으니 오늘의 괴로움은 언젠가는 즐거움이 될 것입니다. 그러니 지금 슬퍼하지 말라는 말로 정약용은 글을 끝맺습니다.

괴로움이 궁극에 달하면 즐거움으로 변화하고, 즐거움이 궁극에 달하면 괴로움으로 변합니다. 이를 괴로움은 즐거움을 낳고, 즐거움은 괴로움을 낳는다고 할 수 있습니다. 그렇다면 궁즉변을 피할 방법은 없을까요? 있습니다. 그것은 바로 중中을 숭상하는 것입니다. 여기서 중은 궁극에 달하기 직전의 상태입니다. 가득 참과 텅 빔이라는 궁극의 상태에서 가운데는 적당히 채움입니다. 적당히 채운다는 것은 한편으로는 절제를 의미합니다. 길과 흉의 중은 길하지도 흉하지도 않음입니다. 앞에서 인간의 삶을 구성하는 대립쌍에 대해 설명했습니다.

기쁨 – 기쁘지도 슬프지도 않음 – 슬픔
분노 – 분노하지도 분노하지 않음도 없음 – 분노하지 않음
두려움 – 두려워하지도 용맹하지도 않음 – 용기
사랑 – 사랑하지도 미워하지도 않음 – 미움
욕망 – 욕망하지도 욕망이 없지도 않음 – 욕망 없음
희망 – 희망하지도 절망하지도 않음 – 절망
괴로움 – 고통스럽지도 즐겁지도 않음 – 즐거움
행복 – 행복하지도 불행하지도 않음 – 불행

이중협이 매일 편지를 보내고, 매달 놀이를 하자고 찾아왔을 때 그와 헤어짐으로 괴로워할 것을 예측하고, 적당히 절제하자고 했으면 정약용은 이별이 괴로웠을까요? 괴로움이 아주 없다고 얘기할 수는 없겠지만, 절절하게 괴롭지는 않았을 것입니다. 만약 정약용이 성안 주막에서의 유배 생활을 답답하고 괴롭게 느끼는 감정을 다스리려고 노력했다면 다산에서의 생활을 즐거움으로 느꼈을까요? 아마도 덜 했을 것입니다.

이처럼 대립쌍을 구성하는 세 개의 대립항 중 하나에 처하게 되면 반드시 반대되는 항으로 변화하게 됩니다. 따라서 이 변화를 피하려면 《주역》에서 말하는 중中에 처해야 합니다. 그 중은 인간의 감정에서는 대립쌍의 가운데, 즉 무엇과 무엇 아님을 의미합니다. 기뻐하지도 슬퍼하지도 않고, 괴로워하지도 즐거워하지도 않고, 사랑하지도 미워하지도 않는 그 상태가 바로 중입니다.

그러므로 중中은 바로 '절제'와 '적당히'를 의미합니다. 제가 이 글을 쓰고 있는 지금은 한가위 명절입니다. 더도 말고 덜도 말고 한가위만 같아라, 라는 말이 있지요. '더도 말고 덜도 말고' 그것이 바로 중의 정신입니다.

인간이 중을 숭상해야 하는 이유는 또 있습니다. 우리는 시간과 공간이 하나로 연결된 세계에서 살고 있습니다. 우리가 사는 공간에 대해 생각해 봅시다. 먼저 건괘의 효사를 봅시다.

스스로 읽고 이해할 수 있는 주역 공부

중천건 重天乾

초구. 숨어있는 용이니 움직이지 말라.

구이. 용이 들에 나타났으니, 대인을 만나보는 것이 이롭다.

구삼. 군자가 종일 힘쓰고 또 힘쓰며, 밤에는 두려워하면 위태로우나 재앙은 없다.

구사. 용이 갑자기 뛰어올라 연못에 있으나 재앙은 없다.

구오. 용이 날아올라 하늘에 있으니 대인을 만나보는 것이 이롭다.

상구. 끝까지 올라간 용은 후회하게 된다.

건괘 초구와 구이는 용이 땅 아래와 땅에 있습니다. 그다음 구삼 효사는 '군자'로 시작하여 사람이 할 일이 적혀있습니다. 구사에서 용은 땅에 있다가 뛰어올라 땅보다 높은 곳에 있는 연못에 있습니다. 구오와 상구의 용은 하늘에 있습니다. 건괘의 효사를 보면 전부 용이 들어갔는데, 구삼 효사에만 군자가 있죠. 군자는 사람이고, 용은 사건의 변화를 상징합니다. 그리고 용도 초구와 구이의 용은 땅에 있고, 구사부터는 하늘에 있습니다. 그림으로 표현하면 다음과 같습니다.

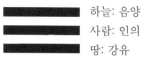

하늘: 음양
사람: 인의
땅: 강유

건괘에 나타나는 천지인.

　사람은 하늘과 땅 사이의 가운데에 삽니다. 하늘은 머리 위에 있고, 땅은 다리 아래에 있습니다. 위와 아래는 공간을 구성하는 대립쌍입니다. 즉 인간은 대립쌍의 가운데에 살고 있습니다. 이를 '천지인 삼재三才'라고 합니다. 삼재라는 단어는 〈설괘전〉에 등장합니다.

　옛날에 장차 본성과 명命의 이치를 따르게 하고자 성인이 주역을 지었다. 그러므로 하늘의 도를 세워 음陰과 양陽이라 일컫고, 땅의 도를 세워 유柔와 강剛이라 일컫고, 사람의 도를 세워 인仁과 의義라고 일컫는다. 이 삼재三才를 겹쳐 짝을 이루는 둘로 삼았으니 그러므로 6획으로 괘를 완성하였다. 짝을 이루는 둘을 음과 양으로 나누고, 유柔와 강剛을 번갈아 쓰니 그러므로 역의 여섯 자리가 장章을 이루었다.

《주역》〈설괘전〉

　〈설괘전〉이 말하는 삼재는 하늘, 사람, 땅을 가리킵니다. 하늘, 땅, 사람은 각각 대립쌍으로 이루어져 있습니다. 하늘은 음과 양, 땅은 유와 강, 사람은 인과 의라는 대립쌍으로 이루어져 있습니다.

　　　　　　　　　　　　스스로 읽고 이해할 수 있는 주역 공부

여기서 음과 양, 유와 강은 명확하게 서로 정반대되는 것인데 비해, 인과 의는 정반대되는 것이 아니니 대립쌍이 아니라고 생각할 수 있습니다. 하지만 앞 장에서 무엇과 무엇 아님은 대립쌍이라는 사실을 증명했습니다. 인은 의가 아니고, 의는 인이 아니라는 점에서 이 둘은 대립쌍입니다. 이해하기 쉽게 그림으로 설명해 보겠습니다.

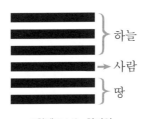

6획괘로 보는 천지인.

3획괘는 삼재로 이루어져 있습니다. 그리고 삼재 각각은 대립쌍으로 이루어져 있습니다. 삼재로 이루어진 3획괘를 두 번 겹치면 6획괘가 됩니다. 6획괘를 구성하는 3획괘는 정과 반이라는 서로 반대되는 것의 의미를 지니게 된다고 앞에서 설명했습니다. 이를 〈설괘전〉에서는 "짝을 이루는 둘을 음과 양으로 나누고, 유柔와 강剛을 번갈아 쓰니 그러므로 역의 여섯 자리가 장章을 이루었다"고 설명했습니다.

〈설괘전〉 2장의 첫 문장 "본성과 명命의 이치를 따른다"는 삼재와 대립쌍의 원리에 따라 사는 삶을 의미합니다. 삼재에서 인간은 하늘과 땅의 가운데에 거처합니다. 그리고 괘는 공간과 시간이 하나로 연결되어 생성하는 사건을 상징한다고 했습니다. 그렇다면 공간을 이야기할 때 시간을 빼놓을 수 없습니다.

이번에는 시간에 대해 생각해 봅시다. 시간은 크게 과거, 현재, 미래로 나뉩니다.

과거	현재	미래

과거過去는 지나간 것입니다. 미래未來는 아직 오지 않은 것입니다. 아직 오지 않았지만 이제 올 것이라는 뜻을 지닌 단어가 미래죠. 지나간 것과 이제 올 것은 서로 정반대입니다. 이 둘은 대립쌍으로서 서로 하나로 연결되어 시간을 생성합니다. 현재에 대해 생각해 봅시다. 현재라고 말하는 순간 시간이 흘러 과거가 되어버립니다. 현재에 대해 곰곰이 생각해 본다면 과연 현재란 존재하는 것인가, 하는 의구심이 듭니다.

현재를 하루나 며칠 정도로 본다면 현재는 확실하게 존재합니다. 그런데 지금이라고 말하는 순간을 현재라고 한다면 현재라고 하는 순간 현재는 과거가 되어버립니다. 그렇다고 현재를 과거라고 할 수 있나요? 아닙니다. 현재는 현재고 과거는 과거죠. 그런데 현재는 어디서 오나요? 네, 현재는 미래에서 오죠. 미래에서 오지만 현재를 미래라고 할 수는 없죠. 이처럼 현재는 과거도 아니고 미래도 아닙니다.

스스로 읽고 이해할 수 있는 주역 공부

과거	과거도 아니고 미래도 아님	미래

　우리가 현재라고 부르는 것은 과거도 아니고, 미래도 아니며, 과거와 미래의 가운데에 자리한 시간입니다. 이렇게 인간은 시간의 가운데에 살며, 공간의 가운데에 사는 존재입니다. 이것이 인간의 본성과 운명이니 우리는 본성과 운명에 따라 살아야 합니다.

　〈설괘전〉에서 "옛날에 장차 본성과 명命의 이치를 따르게 하고자 성인이 주역을 지었다"는 것은 《주역》을 통해 우리가 중中에 살고 있음을 깨닫게 하고 나아가 중을 숭상하는 삶을 살게 하고자 《주역》을 지었다는 뜻입니다. 중을 숭상하는 것, 그것은 우리의 운명입니다.

11장

길흉은 스스로에게 달려있다

이제 이 책의 마지막 장입니다. 마지막 장에서는 '그렇다면《주역》은 결국 무엇을 말하고자 하는가'에 대해 설명하고자 합니다. 어떤 사람들은《주역》의 목적이 취길피흉取吉避凶에 있다고 합니다. 취길피흉은 앞에서도 설명드렸지만 '길은 취하고 흉은 피한다'는 뜻입니다. 하지만 취길피흉에 머문다면 이는《주역》을 제대로 이해하지 못한 것입니다.

앞 장에서《주역》은 중을 숭상한다고 말씀드렸습니다. 중을 숭상한다는 것은 길하지도 흉하지도 않음에 머무는 것입니다. 취길피흉은 길과 흉의 대립쌍을 벗어나지 못하는 것이므로 이 대립쌍이 만들어내는 굴레를 벗어나는 유일한 길은 중의 길을 선택하는 것뿐입니다. 내가 욕망을 가득 채우고자 한다면 언젠가는 그 욕망이 나를 파멸시킬 수 있습니다.

화천대유, 천화동인을 유명하게 만든 대장동 재개발 사건을 생각해 보십시오. 대장동 재개발을 기획한 주역들은 지금 어디에 있죠? 감옥에 있습니다. 아마도 그들에게는 지금 시간이 지옥일 겁니다. 만약 그들이 수천억 원에 달하는 개발 이익을 챙기지 않고 소소하게 적당히 벌려고 했다면 지금 감옥에 있을까요?

따라서 중을 숭상하는 《주역》의 진짜 목적은 길흉유인吉凶由人을 깨닫게 하는 것에 있습니다. 길흉유인은 '길하고 흉하고는 사람에게 달려있다'는 뜻입니다. 인간의 의지와 선택에 따라 길할지, 흉할지, 아니면 길하지도 흉하지도 않은 중에 처신할지를 선택할 수 있다는 의미입니다. 길흉유인의 정신은 괘효사에도 담겨있습니다.

수需괘 초구. 교외에서 비를 만나 젖으나 쉬지 않고 그대로 가니 이롭고 재앙은 없다.

우산도 없는데 갑자기 비가 내리면 어떤 사람들은 비가 그칠 때까지 기다리고 어떤 사람들은 내리는 비를 맞고 그대로 쉬지 않고 갑니다. 수괘 초구는 비라는 어려움을 만나도 쉬지 않고 계속 길을 가니 이롭고 재앙이 없게 됨을 보여줌니다. 어려움을 만나도 불굴의 의지로 뚫고 나아가고자 노력하면 마지막에는 이익이 됨을 말하고 있습니다.

리履괘 구사. 호랑이 꼬리를 밟아 두려워하고 두려워하니 끝내 길하다.

호랑이 꼬리를 밟았으니 이제 호랑이에게 물린 일만 남았습니다. 그런데 두렵고 두려워하니 끝에는 길로 변합니다. 흉한 일이 마지막에 길로 변하게 된 것은 '두려워하고 두려워했기' 때문입니다. 두려움에 휩싸이면 발걸음을 조심스럽게 내딛게 되고, 숨소리를 죽이며 주위 변화에 모든 감각을 곤두세우기 마련입니다. 이렇게 아무리 큰 재앙이 닥쳐도 스스로 단속하고 조심하면 결국 길하게 됩니다. 리괘 구사 효사는 인간의 주체적 노력에 따라 큰 재앙도 길로 바뀌게 됨을 보여주고 있습니다.

반면, 리괘 구사효 바로 전의 사건을 보여주는 리괘 육삼효의 효사는 이와 다릅니다.

리履괘 육삼. 눈먼 사람이 볼 수 있고, 절름발이가 걸을 수 있다. 호랑이 꼬리를 밟아 호랑이가 사람을 물어 흉하다.

스스로 읽고 이해할 수 있는 주역 공부

리괘 육삼에서는 호랑이가 사람을 물었습니다. 물린 사람은 크게 다쳤거나 죽었을 것입니다. 이만큼 흉한 일도 없습니다. 왜 물렸을까요? 호랑이 꼬리를 밟았음에도 두려워하기는커녕 기고만장했기 때문입니다. 왜 그랬을까요? 눈먼 사람이 볼 수 있고 절름발이가 걸을 수 있을 정도로 길한 일이 있었기 때문입니다. 지팡이를 쥐고 더듬더듬 걷다가 눈앞이 확 트이자 기쁨을 이기지 못하고 내달렸습니다. 그렇게 앞뒤 안 보고 내달리다 호랑이 꼬리를 밟았고 끝내 물렸습니다. 흉한 일도 저절로 흉하지 않고 인간의 행위에 의해 흉하게 된다는 것을 이 효사는 보여주고 있습니다. 즉 길도 흉도 모두 인간의 행위가 원인입니다.

**사師괘 초육. 군대의 출정은 기율을 갖추어 해야 하는데,
그렇지 않으니 흉하다.**

사괘는 군사를 말하는 괘인데, 첫 효부터 흉함을 말하고 있습니다. 전투를 위해 출정하는 군대가 기율을 갖추어야 함은 당연한 일입니다. 그런데 기율이 없습니다. 그런 군대는 적을 보자마자 뒤꽁무니를 빼면 자멸할 것입니다. 군대가 기율을 갖추어야 하는 것은 당연한 일인데, 그렇지 않아서 흉하게 된 것은, 저절로 흉한 것이 아니라 인간의 행위에 따라 흉이 되었습니다.

《주역》을 좀 공부한 사람들은 건괘나, 대유, 대축괘와 같은 괘들을 길한 괘로 여깁니다. 건괘는 첫 번째 괘로 왕, 대통령을 상징하고, 대유大有는 '많이 가진다', 대축大畜은 '많이 축적한다'는 뜻입니다. 지배자가 되거나 많이 가지고 쌓았으니 보통 사람들은 이런 괘를 길하게 여깁니다.

그러나 《주역》에서 가장 길한 괘는 이런 괘들이 아닙니다. 단 하나의 괘만 제외하고 《주역》 예순세 개 괘의 효사에는 흉이나 불리를 의미하는 단어가 들어있습니다. 그러나 단 하나의 괘에 모든 효사가 길을 의미하는 단어만 존재합니다. 그 괘는 바로 겸괘입니다. 아래 겸괘의 괘효사를 보시죠.

---

15.   지산겸 地山謙   ䷠

겸謙. 형통하다. 군자는 끝이 있다.

단전. 겸이 형통함은 하늘의 도가 아래로 베풀어 광명하고, 땅의 도는 스스로 낮추니 오히려 위로 행하기 때문이다. 하늘의 도는 가득 찬 것을 엎어트려 겸에 더해주고, 땅의 도는 가득 찬 것을 변하게 해서 겸으로 흐르게 하며, 귀신은 가득 찬 것을 해쳐 겸에 복을 주고, 사람의 도는 가득 찬 것을 싫어하고 겸을 좋아한다. 겸을 공경하니 빛이 나고, 낮추지만 넘을 수 없다. 군자의 끝이다.

         스스로 읽고 이해할 수 있는 주역 공부

상전. 땅 속에 산이 있는 것이 겸괘의 상이다. 군자가 이 것을 본받아 많은 것은 줄여 적은 것에 보태고, 재물을 가늠하여 공평하게 베푼다.

초육. 겸허하고 겸허한 군자는 큰 내를 건너면 이롭고 길하다.

상전. 겸허하고 겸허한 군자는 낮추어 스스로를 기른다.

육이. 명성을 떨쳐도 겸허하니 올곧아서 길하다.

상전. 명성을 떨쳐도 겸허하니 올곧아서 길하다는 것은 마음에 중中을 얻었다는 것이다.

구삼. 공로가 있어도 겸허하니 군자가 끝이 있어 길하다.

상전. 공로가 있으면서 겸허한 군자는 만민이 다 복종한다.

육사. 이롭지 않음이 없으니 베풀고 겸허하기 때문이다.

상전. '이롭지 않음이 없으니 베풀고 겸허하기 때문이다' 라는 것은 법칙에 어긋나지 않기 때문이다.

육오. 그 이웃으로 인해 부유하지 못하게 되었으니 정벌해도 이롭다. 이롭지 않음이 없다.

상전. 정벌해도 이롭다는 것은 복종하지 않는 자(오만한 자)를 정벌한다는 것이다.

상육. 명성을 떨쳐도 겸허하다. 군사를 움직여 읍국을 정벌하면 이롭다.

상전. '명성을 떨쳐도 겸허하다'는 것은 뜻을 얻지 못하였다는 것이다. 군사를 움직여도 된다는 것은 읍국을 정벌할 수 있다는 것이다.

겸허를 뜻하는 겸괘는 《주역》 64괘 중에서 가장 길한 괘입니다. 겸괘를 제외한 예순세 개 괘에서는 적어도 한 번 이상은 흉한 내용이 나오는데, 오로지 겸괘의 여섯 효사에만 모두 길吉 또는 이利가 들어있습니다. 그 이유는 모두 겸허 때문입니다. 겸謙자를 보통은 겸손으로 풀이하는데 저는 겸허로 풀이했습니다. 겸손과 겸허는 뜻이 완전히 다릅니다. 겸손으로 풀이하면 공손의 의미가 됩니다. 하지만, 단지 공손하다고 겸이라고 할 수 있을까요? 이에 대해 공자는 다음과 같이 설명합니다.

장야가 선생님에게 물었다. "옛날부터 지금까지 천하 사람들은 모두 왕성하고 가득 찬 것을 귀하게 여기고 있습니다. 그런데 지금 주역에서는 '겸하면 형통하여 군자에게는 끝마침이 있다'라고 합니다. 왜 군자는 이처럼 형통할 수 있는 것인지 감히 묻습니다."

공자가 말했다. "겸이란 공손한 태도를 취하는 것만으로는 부족하다. 하늘의 도는 가득 찬 것을 덜어내 겸에 더하며, 땅의 도는 가득 찬 것을 삭감하여 겸으로 흐르게 하며, 귀신은 가득 찬 것에 재앙을 가하여 겸에 복을 주며, 사람의 도는 가득 찬 것을 싫어하고 겸을 좋아한다. 겸이란 그 하나의 태도로 네 가지 이익을 얻음이며, 가득 참이란 그 하나의 태도로 네 가지 손해를 얻음을 말한 것이다. 겸의 도, 군자는 이것을 귀하게 여긴다. 왕성하고 가득 차면 덜어내 아래로 낮출 수 있는 것을 군자가 아니라면 그 누가 할 수 있겠는가?"

《백서 주역》〈목화〉

이 글은 《백서 주역》에서 전하고 있는 공자의 겸괘에 대한 해석입니다. 공자의 말 중 앞부분은 겸괘 단전에서 전하는 글과 비슷합니다. 공자는 "겸은 네 가지 이익을 얻음이며, 가득 참이란 네 가지 손해를 얻음"이라고 말하였습니다. 여기서 공자는 가득 참의 반대되는 의미로 겸을 사용하였습니다. 가득 참의 반대는 텅 빔입니다. 공자는 겸을 가득 차면 덜어내 아래로 낮추는 것으로 해석합니다. 공자의 해석에 따르면 겸謙은 덜어냄, 허虛입니다.

앞에서 공자의 유기기 일화를 가지고 중의 의미에 관해 설명했습니다. 그 일화의 끝부분에는 다음과 같은 이야기가 나옵니다.

> 공자가 제자들을 돌아보며 말했다. "유좌의 그릇에 시험 삼아 물을 부어 보아라."
>
> 이에 물을 부었더니 물이 중간쯤 채워지자 바르게 섰으며 가득 채워지자 곧 엎질러지고 말았다.
>
> 공자는 탄식하며 말했다. "오호! 가득 차고도 엎어지지 않는 사물이 어찌 있겠는가!"
>
> 자로가 앞으로 나서며 물었다. "감히 묻건대 가득 채우고도 그대로 유지할 도는 없습니까?"
>
> 공자가 말했다. "총명하고 지혜가 있다 할지라도 자신을 지키는 데는 어리석은 듯이 하고, 공로가 천하를 다 덮을지라도 자신을 지키는 데는 양보로써 하며, 용기가 세상을 떨칠지라도 자신을 지키는 데는 겁먹은 듯이 하며, 부유함이 세계를 가득 메웠을지라도 자신을 지키는 데는 겸허로 해야 한다. 이것이 이른바 덜어내고 또 덜어내는 도라 하는 것이다."
>
> 《공자가어》〈삼서〉

공자의 대답을 통해 중中은 '덜어내고 또 덜어냄'이라는 것을 알 수 있습니다. 이를 통해 중은 겸의 의미를 지니고 있음을 알 수 있습니다. 《주역》에서 겸괘를 가장 길한 괘로 여기는 이유는 겸이 곧 중이기 때문입니다.

스스로 읽고 이해할 수 있는 주역 공부

《주역》에는 겸의 의미를 지닌 또 다른 괘가 있습니다. 바로 절節괘입니다. 다음 절괘의 괘효사를 보시죠.

60.　　　　　　**수택절 水澤節**　　　　　☰☱

절節. 형통하다. 절제를 고통으로 여기면 올곧을 수 없다 (또는 '점에 묻는 일은 불가능하다').

단전. 절이 형통하다는 것은 강剛과 유柔가 나뉘어 강剛이 가운데 자리를 얻었기 때문이다. '절제를 고통으로 여기면 올곧을 수 없다'는 그 도가 궁하다는 것이다. 험난함 속에서도 기뻐하며 일을 행하고, 절제로써 합당한 자리에 머무니, 중정中正으로써 통한다. 천지는 절제가 있어 사계절이 이루어진다. 절제로써 제도制度를 행하니, 재물을 축내지 아니하고 백성을 해치지 아니한다.

상전. 못 위에 물이 있는 것이 절괘의 상이다. 군자는 이 괘상을 본받아 제도를 만들고 덕행을 논의한다.

초구. 집 뜰을 나서지 않으니 재앙이 없다.

상전. 집 뜰을 나서지 않는다는 것은 통하고 막힘을 알기 때문이다.

구이. 문밖 뜰을 나서지 않으니 흉하다.

상전. 문밖 뜰을 나서지 않으니 흉하다는 것은 때를 잃음이 극히 지나쳤기 때문이다.

육삼. 절제하지 않으니 한탄하게 된다. 재앙은 없다.

상전. 절제하지 않으니 한탄하게 되니 또 누구의 재앙이겠는가.

육사. 절제에 안주하니, 형통하다.

상전. 절제에 안주하니 형통함은 위의 도를 받들기 때문이다.

구오. 절제를 달게 여기니, 길하다. 가면 숭상을 받게 된다.

상전. 절제를 달게 여기니 길하다는 것은 거처한 자리가 중中이기 때문이다.

상육. 절제를 고통으로 여기니, 올곧아도 흉하다. 후회는 없다.

상전. 절제를 고통으로 여기니 올곧아도 흉하다는 것은 그 도가 궁하기 때문이다.

스스로 읽고 이해할 수 있는 주역 공부

절은 '절제節制' '참음' '인내'를 의미합니다. 절괘의 괘효사를 읽어보면 절제하면 길하고 절제하지 않거나 절제를 고통으로 여기면 흉하다고 말하고 있습니다. 즉 절괘의 괘효사는 절제를 강조하고 있지요. 사건의 진행 과정에서 중中은 절제를 의미한다고 말씀드렸죠. 그러므로 중의 의미를 담은 괘는 모두 두 가지로, 겸괘와 절괘입니다.

주식 투자를 하다가 망하는 경우는 이 절제를 하지 못해서 망하는 경우가 대부분입니다. 요즘 젊은이들이 주식 투자를 이렇게 한다고 합니다. 가진 돈 5000만 원으로 주식에 투자합니다. 마침 주가가 두 배 올라 1억 원을 벌었습니다. 단기간에 100%의 수익률을 올리자 눈이 뒤집힙니다. 1억 원을 더 대출받아서, 총 2억 원을 투자합니다. 주가가 오르기 시작합니다. 그럼 이때 팔면 되는데 팔지 않습니다. 왜냐하면 주가가 더 오를 것이라 기대하기 때문입니다.

그런데 주가가 마냥 오를까요? 그렇지 않습니다. 오를 만큼 오른 주가는 다시 떨어지기 시작합니다. 2억 원이 반 토막 나는 것도 순식간입니다. 게다가 대출받은 1억 원의 이자를 내야 합니다. 결국 이자 부담을 견디지 못해 원금을 갚기 위해 주식을 손절합니다. 결국 수익은커녕 빚까지 생기게 됩니다. 이것이 요새 에코프로 주식을 샀다가 에코 '포로'가 되었다고 자조하는 이들이 주식투자하는 법입니다.

이처럼 주식 투자하는 이들의 상당수는 더 많은 이익, 더 많은 돈을 추구하다가 망합니다. 만약 빚을 내지 않고 절제했다면 이렇게까지 망하게 될까요? 적당히 만족하고 이익을 낼 수 있을 때 팔았으면 손해를 봤을까요? 아닙니다. 고수익을 좇다가는 언젠가는 망하게 됩니다. 왜냐면 이익은 손해와 반대되는 것이지만 하나로 연결되어 있기 때문입니다. 이익이 손해로 변화하지 않으려면 이익과 손해의 가운데에 있어야 합니다. 그 가운데에 있으려면 바로 욕망을 절제해야 합니다. 절괘의 효사가 말하는 대로 절제를 고통으로 여기지 말고 달게 여겨야 합니다.

64괘 중 겸괘와 절괘 못지않게 중요한 괘가 항괘입니다. 아래 항괘 괘효사를 보시죠.

32.　　　　뢰풍항 雷風恒　　　　☰

항恒. 형통하다. 재앙이 없다. 올곧으니 이롭다. 갈 곳이 있으니 이롭다.

단전. 항은 오래감이다. 강剛이 위에 유柔가 아래에 있다. 우레와 바람이 함께 있으며, 손巽괘가 움직이고, 강과 유가 모두 응하는 것이 항恒이다. 항의 괘사에 '형통하여 재앙이 없고, 올곧으니 이롭다'는 것은 그 도에 오래 머물기 때문이다. '갈 곳이 있으니 이롭다'는 것은 끝은 곧 시작이기 때문이다. 천지의 도는 항구하여 멈추지 않는다. 해와 달은 하늘을 얻어 항구히 비출 수 있고, 사계절이 변화하여 항구히 이룰 수 있으며, 성인은 그 도에 항구하여 천하의 변화를 이룬다. 그 항구함을 보면 천지 만물의 정황을 알 수 있도다!

상전. 우레와 바람이 항괘의 상이다. 군자는 이 괘상을 본받아 변하지 않는 항구함을 확립한다.

초육. 깊이 파는 것이 오래되었으니, 올곧게 하여도 흉하여 이로움이 없다.

상전. '깊이 파는 것이 오래되었으니 흉하다'는 것은 처음부터 깊이 파고자 하였기 때문이다.

구이. 후회가 없다.

상전. '구이에서 후회가 없다'는 것은 항구히 중中을 행할 수 있기 때문이다.

구삼. 그 덕을 항구히 지키지 않으면 혹 부끄러움을 받을 것이니, 올곧게 해도 어렵다.

상전. '그 덕을 항구히 지키지 않는다'는 것은 받아들이는 곳이 없다는 것이다.

구사. 밭에 새와 짐승이 없다.

상전. 자기 자리가 아닌 곳에 오래 있으니, 어찌 새와 짐승을 잡을 수 있겠는가?

육오. 그 덕을 항구히 지킴은 올곧으나 부인은 길하나 남편은 흉하다.

상전. '부인이 올곧게 하여 길하다'는 것은 남편을 좇아 일생을 마치기 때문이다. 남편은 때에 따라 알맞은 일을 해야 하는데, 부인을 따르면 흉하다.

상육. 움직임이 오래가니 흉하다.

상전. '움직임이 오래가는 것'이 위에 있으니, 크게 공이 없다.

항괘의 효사를 보면 그다지 길하지 않습니다. 오히려 흉한 내용이 많습니다. 그럼 항괘가 흉한 괘일까요? 그런데 괘사를 보면 좀 다릅니다. 특히 〈단전〉을 보면 "천지의 도는 항구하여 멈추지 않는다. 해와 달은 하늘을 얻어 항구히 비출 수 있고, 사계절이 변화하여 항구히 이룰 수 있으며, 성인은 그 도에 항구하여 천하의 변화를 이룬다. 그 항구함을 보면 천지 만물의 정황을 알 수 있도다!"라고 항괘를 설명하고 있습니다.

스스로 읽고 이해할 수 있는 주역 공부

'천지의 도'는 항恒입니다. 그렇다면 인간은 천지의 도는 닮아야 할까요? 말아야 할까요? 인간은 천지 가운데 위치한 존재라고 설명했습니다. 그러므로 천지의 도를 닮아야 합니다. 그러므로 인간의 도道도 항이 되어야 합니다.

항은 오래감입니다. 왜 항괘가 중요하냐면 겸허, 절제, 중을 숭상하는 것도 오래가지 않으면 소용이 없기 때문입니다. 중을 숭상하는데 오래 가지 않고 하루에 그친다면 중을 숭상하는 것이 무슨 소용이 있겠습니까. 한때만 겸허하고 평소에는 겸허하지 않다면 겸허함이 무슨 소용이 있겠습니까?

인간의 행위가 오래가는 것을 무어라 할까요? 한가지라도 꾸준히 오래 하는 사람을 우리는 성실하다고 합니다. 한 단어로 성誠입니다. 오늘날까지 공자의 언행을 전하는 책이 여러 권 있습니다.《논어》말고도 공자의 말이 다수 수록된 책으로《중용》이 있습니다. 중용中庸의 용庸은 두 가지 의미가 있습니다. 하나는 '항상', 또 하나는 '사용하다'입니다.

이 두 가지 뜻을 이용하여 중용을 해석하면 '중中을 항상 사용하다'의 뜻이 됩니다.《중용》에서는《주역》이 강조하는 중을 항상 사용하라고 말하고 있습니다. 그런데 제목에 '중'이 들어가 있으니 내용도 '중'에 관한 것만 있을 것 같지만 그렇지는 않습니다.《중용》의 중요한 내용 중 하나가 바로 '성'입니다.

공자가 말했다. "성誠은 하늘의 도이다. 성해지려고 노력하는 것은 사람의 도이다. 성은 힘쓰지 않아도 중中이 되며, 생각하지 않아도 얻으며, 마음이 편안한데도 도에 들어맞으니 이것이야말로 성인의 경지이다. 성실해지려고 노력한다는 것은 선善을 택하여 굳게 잡고 실천하는 자세이다.

널리 배워라. 자세히 물어라. 신중히 생각하라. 분명하게 사리를 분변하라. 돈독히 행하라. 배우지 않음이 있을지언정, 배울진대 능하지 못하면 도중에 포기하지 마라. 묻지 않을지언정, 물을진대 알지 못하면 도중에 포기하지 마라. 생각하지 않을지언정, 생각할진대 결론을 얻지 못하면 도중에 포기하지 마라. 분별하지 않을지언정, 분별할진대 분명하지 못하면 도중에 포기하지 마라. 남이 한 번에 능하거든 나는 백 번을 하며, 남이 열 번에 능하거든 나는 천 번을 하라. 과연 성誠의 도에 능해지면, 비록 어리석은 자라도 반드시 현명해지며, 비록 유약한 자라도 반드시 강건하게 될 것이다."

《중용》 20장

"절대로 중도에 포기하지 말고 끝까지 성실하라. 남이 한 번에 능하거든 나는 백 번을 하며, 남이 열 번에 능하거든, 나는 천 번을 하라." 통달할 때까지 포기하지 말고 끝까지 성실하게 행함을 강조하는 데 있어서는 동서고금을 통틀어 최고의 명문장입니다.

공자는 말했습니다. 성誠은 하늘의 도라고. 《주역》에서도

스스로 읽고 이해할 수 있는 주역 공부

말했습니다. 항恒은 하늘과 땅의 도라고. 항과 성 모두 천지 만물의 도입니다. 《주역》 건괘 〈상전〉에는 다음과 같은 말이 있습니다. "하늘의 운행은 굳세니, 군자가 이를 본받아 스스로 강强하여 쉬지 않는다." 하늘의 운행이 굳세다는 것은 멈추지 않고 항恒하고 성誠하다는 것입니다. 하늘이 쉬는 것을 본 적이 있습니까? 해가 떴다 지면 달이 떴다 지고, 구름이 끼어 흐렸다가 비가 내리고 다시 맑게 개어 해가 나고, 끊임 없이 운행합니다.

이를 본받아 쉬지 않고 끊임없이 성실하면 그 사람이 군자이고, 스스로 강한 사람입니다. 요즘 사람들이 하는 말 중에 "강한 자가 이기는 것이 아니라 이기는 자가 강한 것이다"가 있습니다. 아닙니다. 끝까지 끊임없이 성실하게 행하는 자가 강한 자입니다. '스스로 강强하여 쉬지 않는다'를 한 자로는 '자강불식自强不息'이라고 합니다. 불식하는 자가 강한 겁니다. 겸허와 절제를 쉬지 말고 행하십시오. 이것이 바로 《주역》이 인간에게 제시하는 덕德입니다.

스스로 읽고 이해할 수 있는
주역 공부

초판 1쇄 발행 2024년 3월 15일

지은이 이철
책임편집 양하경
디자인 주수현 김은희

펴낸곳 (주)바다출판사
주소 서울시 마포구 성지1길 30 3층
전화 02 - 322 - 3675(편집) 02 - 322 - 3575(마케팅)
팩스 02 - 322 - 3858
이메일 badabooks@daum.net
홈페이지 www.badabooks.co.kr

ISBN 979-11-6689-226-4 03140